8° F 6695

MEMENTO FISCAL

Guide pratique indipensable à tous
les contribuables

Renseignements précis
et conseils pratiques sur : impôts directs,
principaux droits d'enregistrement,
régime des successions,
impôt sur le chiffre d'affaires, timbre,
taxes diverses, etc.,

d'après la plus récente législation fiscale,
(Loi de Finances du 15 Juillet 1925)

par
un groupe de Fonctionnaires du
MINISTÈRE DES FINANCES

PUBLICATIONS DE L'INDICATEUR UNIVERSEL DES P. T. T.
3, Rue de Champagny, Paris 7e
1925

PRIX : 2 FR. 50

Avis à MM. les Titulaires de Comptes Courants Postaux

Pour **répertorier** *d'une manière pratique les opérations effectuées par vos correspondants au moyen du chèque postal ;*

Pour **contrôler** *sûrement les imputations faites à votre compte par le bureau central de chèques,*

Utilisez LE REGISTE DE COMPTABILITÉ DES CHÈQUES POSTAUX **créé spécialement par les** PUBLICATIONS DE L'INDICATEUR UNIVERSEL DES P. T. T.

Format : 280 × 380	*pris en magasin*	*par poste recom.*
40 p., couv. papier parcheminé	**6 95**	**8 05**
64 p., cartonné...............	**13 80**	**15 65**
128 p., cartonné..............	**23 65**	**26 10**

Petit Carnet de Compte Courant Postal, à l'usage des titulaires effectuant un petit nombre d'opérations. 46 pages, format 150 × 235. *Prix franco :* **4 francs.**

CLASSEURS SPÉCIAUX pour documents de Chèques Postaux et DOSSIERS " SCRIPTA "
Envoi franco du catalogue sur demande

Barêmes pratiques d'Affranchissement postal

donnant la taxe à appliquer aux objets ordinaires ou recommandés jusqu'aux limites réglementaires de poids.

1) France et Colonies   **1** fr.
2) Etranger........   **0 60**

PAPIER CARBONE de toute première qualité ;
a) pour la machine : Série « SIRIUS », la boîte de 100 feuilles 21 × 33 cm, 10 à 12 copies simultanées, bleu, violet, noir.... 15 francs.
b) Série « STANDARD », la boîte de 100 feuilles 21 × 33 cm, 3 et 5 copies simultanées, bleu, violet, noir...................... 15 francs.
c) pour le crayon : Série « SPERA », la boîte de 100 feuilles 21 × 27 cm,... 11 francs.
Prix spéciaux par quantités livrés en vrac.

Rubans à machines toutes marques.

Adresser toutes les commandes aux
Publications de l'Indicateur Universel des P. T. T.
3, rue de Champagny, PARIS (7ᵉ)
Compte postal 91.17 — *Tél. Fleurus* 28-22 — *R. C. Seine* 213-150-B

MEMENTO FISCAL

*Guide pratique indipensable à tous
les contribuables*

Renseignements précis
et conseils pratiques sur : impôts directs,
principaux droits d'enregistrement,
régime des successions,
impôt sur le chiffre d'affaires, timbre,
taxes diverses, etc.,

d'après la plus récente législation fiscale,
(Loi de Finances du 15 Juillet 1925)

par
un groupe de Fonctionnaires du
MINISTÈRE DES FINANCES

Publications de l'Indicateur Universel des P. T. T.
3, Rue de Champagny, Paris 7ᵉ

1925

PRIX : 2 FR. 50

MEMENTO FISCAL

CHAPITRE PREMIER

IMPOTS DIRECTS

I. -- IMPOTS CÉDULAIRES

1° — IMPOTS SUR LES BENEFICES INDUSTRIELS ET COMMERCIAUX

A. — Personnes imposables. — Tout particulier, toute société exerçant en France une profession industrielle ou commerciale.

L'impôt ne porte que sur le bénéfice des entreprises situées en France à l'exclusion de celles situées hors du territoire français. La cote est établie au lieu du principal établissement lorsqu'il s'agit d'entreprises ayant leur siège hors de France.

B. — Bases de l'impot et obligations des redevables. — L'impôt est calculé chaque année sur les bénéfices nets réalisés dans l'année qui a précédé celle de l'imposition ou dans les 12 mois dont les résultats ont servi à établir le dernier bilan.

Il faut entendre par *bénéfice net* d'une exploitation pour une période déterminée, l'excédent des recettes réalisées sur les frais et charges ayant grevé l'entreprise pendant la période envisagée. Du total des recettes brutes doivent notamment être retranchées :

a) toutes les dépenses faites pour assurer le fonctionnement de l'exploitation ou résultant des charges qui incombent à l'entreprise — que ces dépenses aient été payées ou que l'entreprise en reste débitrice.

b) le loyer des locaux professionnels. Lorsque ces locaux appartiennent à l'exploitant, déduire la valeur locative réelle des immeubles telle qu'elle résulte de l'évaluation cadastrale.

c) les intérêts des valeurs mobilières figurant à l'actif des entreprises : la quote part des frais généraux afférente au revenu de ces valeurs sera forfaitairement fixée proportionnellement à l'importance de ces revenus par rapport à l'ensemble des recettes de l'entreprise.

Le bénéfice net ainsi dégagé est la seule base qui puisse être prise pour l'établissement de l'impôt dû par les sociétés anonymes et les sociétés en commandite par actions.

Tous autres industriels et commerçants sont imposables à leur choix :

1° *D'après leurs bénéfices réels.* — Les contribuables qui veulent être taxés d'après leurs bénéfices réels, devront adresser au contrôleur des contributions directes, avant le premier mars de chaque année, un résumé de leur compte de profits et pertes de l'année précédente, ou des résultats du dernier bilan. Ils s'engageront en même temps à fournir toutes justifications qui pourront leur être demandées.

2° *D'après leur chiffre d'affaires.* — Dans ce cas, le bénéfice imposable est évalué en appliquant au chiffre d'affaires de l'année antérieure un coefficient ou taux de bénéfice approprié.

Il faut distinguer selon que le chiffre d'affaires réalisé par le contribuable dépasse ou non 50.000 francs.

a) *Contribuables dont le chiffre d'affaires est inférieur à 50.000 francs :*

Aucune déclaration obligatoire. Mais ils doivent, quand le contrôleur le leur demande, faire connaître leur chiffre d'affaires dans les 20 jours, et fournir à l'appui toutes les justifications qui leur sont demandées.

En cas de refus, le contribuable est passible d'une majoration de droits de moitié.

b) *Contribuable dont le chiffre d'affaires dépasse 50.000 francs :*

Les intéressés doivent adresser au contrôleur, avant le premier mars, la déclaration écrite de leur chiffre d'affaires.

Les commerçants qui tiennent une comptabilité régulière fourniront leur justification par la production de cette comptabilité; dans le cas contraire, les redevables seront tenus de fournir le livre spécial prévu par la loi pour la détermination de l'impôt sur le chiffre d'affaires.

Faute de souscrire cette déclaration, l'impôt serait majoré de 10 0/0.

Ceux qui s'abstiennent de déclarer leur chiffre d'affaires sont tenus de le faire connaître au contrôleur, s'il le leur demande, et leur réponse doit parvenir dans le délai de 20 jours, faute de quoi leur chiffre d'affaires serait évalué d'office et le montant de leur impôt serait majoré de moitié.

Coefficients applicables. — Pour chaque profession ou groupe de professions, la loi établit, soit un coefficient unique, soit un coefficient minimum et un coefficient maximum.

Toutefois, pour l'imposition des contribuables dont le chiffre d'affaires annuel n'excède pas 200.000 francs, s'il s'agit de redevables dont le commerce principal est de vendre des marchandises, denrées, fournitures et objets à emporter ou à consommer sur place, ou de fournir le logement, et 40.000 francs s'il s'agit d'autres redevables, il est fixé un coefficient unique pour chaque profession ou catégorie de professions.

Si le contrôleur estime que le coefficient unique ou le coefficient maximum est inférieur au rapport du bénéfice au chiffre d'affaires, il peut faire emploi d'un coefficient plus élevé, sous réserve de prouver, en cas de contestation, devant les tribunaux administratifs (Conseil d'Etat ou Conseil de Préfecture) que le coefficient dont il a fait usage n'est pas trop élevé.

De toute façon, le contrôleur, après avoir calculé le bénéfice imposable, doit communiquer son évaluation au contribuable qui peut, dans un délai de 20 jours, présenter ses observations au contrôleur en fournissant, en cas de contestation, toutes justifications utiles. Toutefois, si l'assujetti n'est pas satisfait, il a la ressource de réclamer par la voie contentieuse après qu'il aura reçu sa feuille d'impôts (Voir Réclamations, page 15).

C. — TAUX ET CALCUL DE L'IMPOT. — La fraction du bénéfice imposable n'excédant pas 1.500 francs est comptée pour 1/4, la fraction comprise entre 1.500 et 5.000 francs est comptée pour moitié, le surplus pour la totalité.

Le taux de l'impôt est de 9, 60 0/0.

Exemple : Commerçant dont le bénéfice imposable s'élève à 30.000 francs et ayant 3 personnes à sa charge.

Bénéfice n'excédant pas 1.500 fr. (compté pour 1/4) 375
Bénéfice compris entre 1.500 et 5.000 fr. (compté pour 1/2) 1.750
Bénéfice supérieur à 5.000 fr. 25.000

Bénéfice assujetti à l'impôt 27.125

Le montant de l'impôt sera de : $\dfrac{27.125 \times 9,60}{100} = 2.604$ fr.

Mais, compte tenu des réductions pour charges de famille, le montant net de l'impôt serait de : $\dfrac{2.604 \times 15}{100} = 2.213$ fr. 40

D. — MAJORATIONS ET SUPPLÉMENTS D'IMPOT. — Si les renseignements fournis par le contribuable au sujet de son bénéfice ou de son chiffre d'affaires sont reconnus inexacts, l'impôt est doublé pour la fraction du bénéfice imposable que l'inexactitude constatée tendait à dissimuler.

Ce double droit n'est applicable que si le bénéfice dissimulé est supérieur au dixième du bénéfice imposé ou s'il excède 20.000 francs. Si une insuffisance de taxation est découverte après l'établissement du rôle, le supplément d'impôt, avec, le cas échéant, l'application du double droit, peut être réclamé, soit dans l'année même de l'imposition, soit pendant les 5 années suivantes.

2° IMPOT SUR LES TRAITEMENTS PUBLICS ET PRIVES, LES SALAIRES, LES PENSIONS ET LES RENTES VIAGERES.

A. — PERSONNES IMPOSABLES. — Fonctionnaires, employés, ouvriers et pensionnés de toutes catégories lorsque le revenu qu'ils tirent de leur emploi, fonction ou pension est supérieur à 7.000 francs.

Les membres d'une même famille sont distinctement imposables, bien que vivant en commun, à raison des revenus qu'ils retirent de leur travail propre ou des pensions ou rentes dont ils ont privativement la jouissance.

B. — BASE DE L'IMPOT. — Les revenus provenant des traitements publics et privés, des indemnités et émoluments, des salaires, des pensions et des rentes viagères sont assujettis à l'impôt sur la partie de leur montant annuel qui dépasse 7.000 francs.

Pour le calcul de l'impôt, la fraction comprise entre 7.000 et 9.000 francs est comptée pour moitié.

Cette déduction est augmentée, pour le contribuable marié, d'une somme de 3.000 francs pour sa femme si celle-ci n'a ni salaire, ni revenu personnel, de 3.000 francs par enfant de moins de 18 ans ou infirme, et non salarié, et de 2.000 francs par personne à sa charge.

Ces déductions sont augmentées d'une somme de 1.000 francs en faveur des mutilés, titulaires d'une pension d'invalidité de la loi du 31 mars 1919.

Sont affranchies de l'impôt : les pensions servies en vertu de la loi du 31 mars 1919, ainsi que les sommes perçues au titre des allocations pour famille nombreuse (sursalaire familial et allocations familiales).

C. — TAUX DE L'IMPOT : 7,20 0/0.

D. — DÉTERMINATION DES REVENUS IMPOSABLES. — Pour la détermination des revenus imposables, il doit être tenu compte du montant net réel des traitements et indemnités, ainsi que de tous les avantages en nature (logement, chauffage, éclairage) fournis gratuitement et accordés aux employés, sous déduction des dépenses directement nécessitées par l'exercice de la fonction ou de l'emploi (frais de tournée, de bureau, de transport).

Les contribuables passibles de l'impôt n'ont pas à souscrire de déclaration spéciale.

E. — OBLIGATIONS DES EMPLOYEURS ET DES DÉBITS RENTIERS. — Tous les employeurs, particuliers ou sociétés, doivent fournir au contrôleur, dans le courant du mois de janvier de chaque année, un état présentant la liste des personnes qu'ils ont occupées l'année précédente, avec l'indication des appointements, salaires, ou gages payés à chacune d'elles.

Cet état doit également comprendre les personnes qui remplissent des fonctions susceptibles d'être exercées simultanément auprès de plusieurs entreprises : administrateur, membre ou secrétaire du comité ou conseil de direction, de gestion ou de surveillance, commissaires de comptes, trésorier, même dans le cas où ces rémunérations sont passibles de la taxe d'enregistrement sur le revenu des valeurs mobilières.

Les chefs d'entreprises doivent également faire connaître le montant des commissions, courtages ou autres rémunérations, qu'ils versent à des courtiers, commissionnaires ou autres intermédiaires n'ayant pas la qualité de salariés, ainsi que le montant des honoraires, vacations ou autres rémunérations, susceptibles d'entrer en compte pour l'établissement de l'impôt sur le bénéfice des professions non commerciales et dont le montant total brut, au cours de l'année aura atteint, pour une même personne, la somme de 1.000 francs quelles que soient, d'ailleurs, les localités où sont domiciliés le déclarant et le contribuable.

Les particuliers, sociétés ou associations payant des pensions ou rentes viagères, sont tenues d'indiquer au contrôleur, dans le courant du mois de janvier de chaque année, les noms et adresses des titulaires de ces pensions ou rentes ainsi que leur montant.

3° — IMPOT SUR LES BENEFICES DE L'EXPLOITATION AGRICOLE

A. — PERSONNES IMPOSABLES. — L'impôt est dû par les exploitants de biens ruraux, fermiers, métayers, colons partiaires ou propriétaires, dont le bénéfice agricole est supérieur à 2.500 francs.

Dans le cas de bail à portions de fruits, le bailleur et le métayer sont personnellement assujettis à l'impôt pour la part de revenu imposable revenant à chacun d'eux proportionnellement à leur participation dans les produits.

En cas de bail ou de fermage, ainsi qu'à chaque renouvellement ou modification de bail, les propriétaires sont tenus de remettre au contrôleur une déclaration indiquant séparément la contenance et le revenu cadastral de toutes les parcelles rattachées à l'exploitation, classées par nature de culture.

A défaut de déclaration, l'impôt est établi au nom du propriétaire.

B. — LIEU D'IMPOSITION. — Une cote unique est établie pour l'ensemble des exploitations et au nom des exploitants dans la commune où ceux-ci ont leur habitation principale au 1er janvier de l'année de l'imposition et d'après la consistance de leurs exploitations au 1er janvier de l'année précédente.

C. — DÉTERMINATION DU BÉNÉFICE IMPOSABLE. — Le bénéfice provenant de l'exploitation agricole est considéré comme égal à la valeur locative des terres exploitées, valeur qui s'obtient en majorant de 75 0/0 le revenu servant de base à la contribution foncière et qui figure sur la matrice cadastrale.

Cette valeur est multipliée par un coefficient fixé par nature de culture et par région agricole.

D. — ETABLISSEMENT DE L'IMPOT. — Si le revenu cadastral des terrains exploités excède 2.500 francs, l'exploitant est tenu de remettre avant le 1er février, à la mairie de la commune du siège de chaque exploitation une déclaration dont il lui sera donné reçu indiquant la contenance et le revenu cadastral des parcelles composant l'exploitation, classées par nature de culture, déclaration non renouvelable tant qu'il ne survient pas de changement. Dans le cas de métayage, la déclaration est faite par le propriétaire ou par le fermier général.

En l'absence de déclaration, le contribuable sera invité à souscrire celle-ci dans un délai de 20 jours à dater de la réception de la lettre d'avis. Passé ce délai, le bénéfice imposable sera déterminé en appliquant à la valeur locative totale des terrains exploités, le plus élevé des coefficients fixés pour les principales natures de culture de la région.

E. — Taux de l'impot : 7, 20 0/0. — L'exploitant n'est taxé que sur la fraction du bénéfice supérieure à 2.500 francs. Il a droit en outre à une réduction des 3/4 sur la fraction comprise entre 2.500 et 4.000 francs et de moitié sur la fraction comprise entre 4.000 et 8.000 francs.

F. — Exemptions. — Les parcs, jardins, avenues, pièces d'eaux (terrains d'agrément ou de chasse) ainsi que les terrains destinés à la construction, sont assujettis à l'impôt. L'impôt est établi sur la totalité des revenus, sans déduction.

Sont affranchis de l'impôt : les terrains d'agrément dont la superficie n'excède pas un hectare et dont le revenu imposable n'est pas supérieur à 100 francs ainsi que les parcs et jardins des villes et les terrains appartenant aux offices publics d'habitations à bon marché.

4° — IMPOT SUR LES BENEFICES DES PROFESSIONS NON COMMERCIALES

A. — Personnes assujetties a l'impot. — Les personnes exerçant une profession libérale : avocats, docteurs, médecins, etc., dont les revenus ne résultent pas de l'exercice d'une profession industrielle, commerciale ou agricole et dont les revenus ne sont pas soumis à un impôt spécial sur le revenu.

B. — Revenus assujettis a l'impot. — Les bénéfices *nets* réalisés l'année précédente, c'est-à-dire l'excédent des recettes totales sur les dépenses nécessitées par l'exercice de la profession ou par l'acquisition du revenu.

Parmi les dépenses déductibles on peut comprendre : le loyer des locaux spécialement affectés à l'exercice de la profession, les frais d'entretien, de chauffage, d'éclairage de ces locaux, la rémunération des employés, les frais de déplacement et de bureau, etc...

C. — Lieu d'imposition. — L'impôt est dû dans la commune où le contribuable a son domicile au 1er janvier de l'année de l'imposition.

D. — Calcul de l'impot. — L'impôt ne porte que sur la partie du bénéfice net dépassant 7.000 francs. En outre, pour le calcul de l'impôt, la fraction comprise entre le minimum exempté et 9.000 francs sera comptée pour moitié.

E. — Taux de l'impot : 7,20 0/0.

F. — Obligations des contribuables. — Toute personne exerçant une profession libérale doit, dans les 2 premiers mois de l'année, adresser une déclaration de son bénéfice imposable au contrôleur des contributions directes de son domicile indiquant le montant du bénéfice brut, celui des dépenses professionnelles de l'assujetti et le chiffre du bénéfice net de l'année précédente. Cette déclaration spéciale n'est pas nécessaire lorsque le contribuable produit une déclaration relative à l'impôt sur le revenu.

Seuls, les redevables qui sont astreints, par les règlements, à la tenue d'une comptabilité, (notaires, huissiers, avoués, etc...) doivent la représenter à toute réquisition du contrôleur à l'appui des énonciations de leur déclaration. Dans le cas de non présentation de la comptabilité, le bénéfice imposable est déterminé d'office et l'impôt est majoré de moitié.

Pour les officiers ministériels, la production de la comptabilité ne peut être exigée que pour les écritures de la comptabilité-étude, à l'exclusion de celles qui concernent les dépôts de fonds appartenant aux clients.

Le Contrôleur peut inviter les contribuables qui n'ont pas souscrit de déclaration à en produire une dans un délai de 20 jours. Faute de déclaration passé ce délai, le bénéfice imposable est évalué d'office et la cotisation majorée de moitié.

G. — ÉTABLISSEMENT DE L'IMPOT. — Le Contrôleur prend pour base de l'impôt le chiffre du bénéfice déclaré à moins qu'il ne le reconnaisse inexact. Lorsqu'il aura réuni des éléments précis permettant d'établir que les dépenses d'un contribuable sont nettement supérieures au revenu qu'il a déclaré, il devra les soumettre au contribuable et celui-ci sera tenu de justifier la différence.

Faute de fournir les justifications nécessaires dans un délai de 20 jours à partir de la réception de l'avis par lequel elles lui sont demandées, le contribuable est taxé d'office.

Le contribuable a toujours le droit de réclamer après qu'il aura reçu sa feuille d'impôts. (Voir réclamations, page 15).

H. — MAJORATIONS ET SUPPLÉMENTS D'IMPOT. — En cas de déclaration insuffisante, le contribuable doit, s'il n'établit sa bonne foi, verser en sus des droits afférents au montant réel de son revenu imposable, une somme égale au quadruple de la partie de ces droits correspondants au revenu non déclaré. Cependant les droits en sus ne sont applicables que si l'insuffisance constatée est supérieure au dixième du revenu imposable ou si elle excède 20.000 francs.

I. — CHARGES ET OFFICES. — Pour les titulaires de charges et offices : notaires, huissiers, avoués, etc., l'impôt est calculé dans les conditions et d'après les taux fixés en ce qui concerne les professions commerciales.

PERSONNES EXERÇANT DES PROFESSIONS MULTIPLES

Les contribuables disposant à la fois de revenus professionnels assujettis à l'impôt sur les bénéfices industriels et commerciaux et de bénéfices assujettis à l'impôt sur les revenus des professions non commerciales sont imposés pour l'ensemble de ces revenus, déterminés suivant le mode propre à chaque nature de profession, conformément aux règles prévues pour l'impôt sur les bénéfices industriels et commerciaux.

Les contribuables qui disposent à la fois de revenus provenant de traitements publics et privés, indemnités et émoluments, salaires, pensions et rentes viagères et de bénéfices de professions non commerciales autres que les bénéfices de charges et offices, sont imposés pour l'ensemble de ces revenus, déterminés suivant le mode propre à chaque catégorie, d'après les règles applicables à l'impôt sur les traitements, salaires, pensions et rentes viagères.

Le total imposable est ensuite fractionné proportionnellement au montant des revenus de chaque catégorie, et chaque fraction est taxée d'après le taux spécial à sa cédule.

5° — IMPOT FONCIER

1° PROPRIÉTÉS BATIES. — Le montant de l'impôt est réglé à raison de la valeur locative des maisons ou usines, sous déduction de 1/4 pour les maisons et de 1/3 pour les usines.

La valeur du sol des bâtiments et la valeur des terrains formant dépendances de ces constructions entrent dans l'estimation du revenu servant de base à l'impôt.

TAUX DE L'IMPOT : 12 0/0 du revenu net.

2° PROPRIÉTÉS NON BATIES. — La contribution est réglée à raison du revenu des propriétés non bâties tel qu'il résulte des tarifs établis par nature de culture et de propriété.

Le revenu imposable est obtenu en prenant les 4/5 de la valeur locative de ces propriétés.

Taux de l'impôt : 12 0/0 du revenu net.

L'ensemble des cotisations grevant les propriétés bâties et non bâties, c'est-à-dire le principal grossi des centimes départementaux et communaux ne peut, en aucun cas, dépasser 30 0/0 du revenu net servant de base à l'impôt.

OBLIGATIONS DES PROPRIÉTAIRES

Tous les propriétaires d'immeubles bâtis qui louent ces immeubles en totalité ou en partie sont tenus de déclarer annuellement le montant des loyers qu'ils perçoivnt.

On entend par immeuble bâtis : les maisons, usines et autres bâtiments, les chantiers, les lieux de dépôt de marchandises ainsi que les terrains utilisés pour la publicité industrielle ou commerciale.

En cas d'usufruit, l'obligation de souscrire cette déclaration incombe à l'usufruitier.

Cette déclaration doit indiquer : les nom et adresse du propriétaire et la situation de l'immeuble, le nom des locataires, le montant annuel du loyer payé par chacun d'eux, la superficie des terrains (parcs, jardins, etc.), compris dans la location.

Le loyer à déclarer : c'est celui qui résulte des baux ou conventions en cours au jour de la location, c'est-à-dire le prix principal et les sommes payées par le locataire à titre de charges.

Le propriétaire doit indiquer si le locataire est tenu par le bail d'acquitter directement certains impôts, s'il s'est engagé à procéder aux réparations autres que les réparations locatives.

Il y a lieu également d'évaluer le montant des prestations en nature versées par le locataire.

Déductions à opérer sur le loyer brut : le montant de l'impôt des portes et fenêtres, le montant des dépenses représentant les fournitures faites aux locataires : eau, gaz, électricité, chauffage, téléphone, etc., les charges en nature qui incombent normalement au locataire mais qui seraient supportées par le propriétaire, la portion de loyer qui, dans le cas de location meublée, correspond à l'usage des objets mobiliers.

Ces déclarations doivent être adressées avant le 1er juillet de l'année en cours au contrôleur des contributions directes dans la circonscription duquel se trouve l'immeuble.

Sanctions pénales. — Une amende de 100 francs, décimes compris, est encourue autant de fois qu'il est relevé d'omissions ou d'inexactitudes dans les renseignements fournis.

6° — DISPOSITIONS COMMUNES AUX DIVERS IMPOTS CEDULAIRES

RÉDUCTIONS POUR CHARGES DE FAMILLE. — Les contribuables ayant des charges de famille bénéficient, sur chacun des impôts cédulaires, ainsi que sur la contribution foncière (part de l'Etat) des réductions suivantes :

a) si leur revenu net total n'excède pas 10.000 francs, 7,50 0/0 pour chaque personne à leur charge jusqu'à la deuxième et 15 0/0 pour chacune des autres personnes à partir de la troisième. La quotité de la réduction totale n'est pas limitée et le dégrèvement peut atteindre le montant total de l'impôt.

b) pour ceux dont le revenu total net est supérieur à 10.000 francs, les réductions sont de 5 0/0 pour chacune des 3 premières personnes à leur charge, et de 10 0/0 pour chacune des autres personnes à partir de la quatrième, mais sans que le montant de la réduction accordée sur chaque impôt puisse dépasser 300 francs par personne à la charge des intéressés.

IMPOSITION DES DROITS OMIS. — Peuvent être inscrits dans les rôles jusqu'à l'expiration des 5 années qui suivent celle de l'imposition, les contribuables qui n'ont pas encore été assujettis à l'impôt pour l'année envisagée.

En outre, pourront être réparées dans le même délai les omissions partielles, c'est-à-dire que l'Administration pourra poursuivre le recouvrement de toute partie des droits dûs par les contribuables qui n'aurait pas été comprise dans les impositions précédemment établies par suite d'une inexacte évaluation des revenus ayant servi de base à ces cotisations.

II. — IMPOT GÉNÉRAL SUR LE REVENU

1° PERSONNES ASSUJETTIES A L'IMPOT. — Les personnes ayant en France, au 1er janvier, une résidence habituelle, et dont le revenu total net, après les déductions pour charges de famille, a dépassé 7.000 francs l'année précédente.

Ne sont pas soumises à l'impôt : les sociétés et autres collectivités (établissements publics et d'utilité publique, sociétés commerciales, etc.), mais les membres de ces sociétés doivent comprendre les bénéfices réalisés, dans le décompte de leur revenu personnel.

L'impôt est dû par le chef de famille, c'est-à-dire par celui qui a en fait la direction de la communauté. C'est lui qui est passible de l'impôt sur la totalité des ressources de la famille.

2° REVENU IMPOSABLE. — Il est formé par le produit total des revenus *nets* réalisés pendant l'année immédiatement antérieure à celle de l'imposition.

Le contribuable a la faculté, pour ceux de ses revenus qui sont soumis à un impôt cédulaire spécial, de les évaluer d'après les règles fixées pour cet impôt cédulaire.

En ce qui concerne les revenus des propriétés bâties ou non bâties, le contrôleur a le droit, si ces propriétés sont louées ou affermées pour un prix supérieur au revenu net servant de base à l'impôt foncier, de substituer le montant du revenu réel au revenu net imposable, à charge par lui d'apporter toutes justifications nécessaires.

Les intérêts des fonds d'Etat, sauf les Bons de la défense nationale et des rentes 4 0/0 or 1925 doivent être compris dans le calcul du revenu.

Charges à déduire de l'ensemble du revenu : les intérêts des dettes et emprunts, les rentes payées à titre obligatoire, les impôts directs, les pertes résultant d'un déficit d'exploitation, dans une entreprise agricole, industrielle ou commerciale.

3° CALCUL DE L'IMPOT. — Préalablement au calcul de l'impôt, le revenu net total est diminué du montant des déductions auxquelles le contribuable a droit en raison de sa situation de famille, savoir :

si le contribuable est marié : 3.000 francs (même déduction pour un veuf ayant un ou plusieurs enfants à sa charge);

si le contribuable a des enfants mineurs ou d'autres personnes à sa charge : 2.000 francs par personne à charge, si le nombre de ces personnes ne dépasse pas 5; 3.000 francs pour chaque enfant de moins de 21 ans resté à la charge de ses parents et pour chaque personne au-delà de la cinquième.

Toute fraction du revenu net inférieure à 100 francs étant négligée et après retranchement, le cas échéant, des déductions ci-dessus spécifiées, le surplus est pris comme base de l'impôt et taxé comme suit :

La fraction du revenu inférieure à 7.000 francs est exonérée;

La fraction comprise entre 7.000 et 20.000 francs est comptée pour 1/25;

La fraction comprise entre 20.000 et 30.000 francs est comptée pour 2/25.

Et ainsi de suite, en augmentant de 1/25 par tranche de 10.000 fr. jusqu'à 100.000 francs, par tranche de 25.000 francs jusqu'à 400.000 francs et par tranche de 50.000 francs jusqu'à 550.000 francs.

La fraction du revenu excédant 550.000 francs est comptée pour son intégralité.

Les sommes ainsi obtenues sont totalisées et le résultat de cette addition constitue le revenu taxable, auquel est appliqué *le taux de 60 0/0.*

4° RÉDUCTIONS D'IMPOT. — Si le revenu total net du contribuable, diminué du montant des déductions pour charges de famille, n'excède pas 10.000 francs, il a droit à une réduction de 7,50 0/0 pour chaque personne à sa charge jusqu'à la deuxième et de 15 0/0 pour chacune des autres personnes à partir de la troisième : le montant de ce dégrèvement n'est pas limité et peut affecter la totalité de l'impôt.

Si le revenu total dépasse 10.000 francs, il a droit à une réduction de 5 0/0 pour chacune des trois premières personnes à sa charge et de 10 0/0 pour chacune des autres personnes à partir de la quatrième, sans que le montant total de cette réduction puisse dépasser 2.000 francs par personne à la charge de l'intéressé.

5° ETABLISSEMENT DE L'IMPOT. — *Déclaration.* — Les contribuables passibles de l'impôt sont tenus de souscrire une déclaration de leur revenu imposable, avec l'indication, par nature de revenus des éléments qui les composent. Un délai de 2 mois leur est imparti chaque année du 1er janvier au 28 février pour souscrire cette déclaration.

Des formules, établies par l'Administration, sont mises à la disposition des intéressés dans toutes les mairies.

Le contrôleur doit délivrer récépissé de cette déclaration.

Le contribuable qui ne renouvelle pas une déclaration précédemment souscrite est réputé l'avoir maintenue. Celui qui cesserait d'être passible de l'impôt doit en aviser le contrôleur, dans le délai ouvert pour la production des déclarations. Il doit accompagner cet avis des indications propres à justifier son droit à l'exemption.

De même, le contribuable qui change de résidence doit en aviser le contrôleur.

Tout contribuable qui n'a pas souscrit sa déclaration dans les 2 premiers mois de l'année est taxé d'office.

Vérification des déclarations. — Le contrôleur peut réclamer aux intéressés des justifications relatives à leurs charges de famille ou aux déductions opérées sur l'ensemble de leurs revenus.

Il a en outre le droit de demander des éclaircissements au contribuable sur tous autres points.

Le contrôleur prend pour base de l'impôt le chiffre déclaré, à moins qu'il ne le reconnaisse inexact. Lorsqu'il aura réuni des éléments précis permettant d'établir que les dépenses d'un contribuable sont notoirement supérieures au revenu qu'il a déclaré, il devra les soumettre au contribuable et celui-ci devra justifier la différence. Faute de fournir les justifications nécessaires dans un délai de 20 jours, le contribuable sera taxé d'office.

Toutefois, l'intéressé a toujours le droit de réclamer après la publication du rôle (Voir réclamations, page 15).

Exemple :

Soit un contribuable marié, ayant un enfant mineur et possédant un revenu total de 20.000 francs.

Revenu total .... 20.000 fr.

Réductions pour situation de famille $\begin{cases} \text{marié, 3.000 fr.} \\ \text{1 enf., 2.000 fr.} \end{cases}$

Réduction totale ...... 5.000 fr.

Reste à considérer pour le calcul de l'impôt ...... 15.000 fr.

Fraction de 1 à 7.000 fr., exempte

Fraction de 7.000 à 15.000, soit $\quad 8.000 \times \dfrac{1}{25} = \quad$ 320 fr.

Impôt au taux de 60 0/0, soit $\quad \dfrac{320 \times 60}{100} = \quad$ 192 fr.

A déduire pour 1 personne, soit $\quad \dfrac{192 \times 5}{100} = \quad$ 9 fr. 60

Montant net de l'impôt   182 fr. 40

MAJORATIONS D'IMPOT

Défaut de déclaration : Pour tout contribuable n'ayant pas souscrit dans le délai légal la déclaration à laquelle il est tenu, l'impôt est majoré de 10 0/0.

Déclaration insuffisante : Majoration d'impôt égale au quadruple du montant des droits correspondant à la fraction du revenu non déclarée.

Déclaration tardive : Toute déclaration de revenu produite après l'expiration des 2 premiers mois de l'année n'est plus recevable si ce n'est à titre de simple renseignement.

Les impositions supplémentaires afférentes aux déclarations insuffisantes peuvent être mises en recouvrement soit dans l'année même à laquelle elles se rapportent, soit au cours des 5 années suivantes.

Majoration d'impôt pour absence de charge : Le montant de l'impôt général sur le revenu est majoré de 25 0/0 pour les contribuables âgés de plus de 30 ans, qui sont célibataires ou divorcés et qui, n'ayant pas d'enfant, n'ont aucune personne à leur charge.

Le même montant est majoré de 10 0/0 pour les contribuables âgés de plus de 30 ans, mariés depuis deux ans au 1er janvier de l'année de l'imposition lorsque, à la même date, ces contribuables n'ont pas d'enfant et se trouvent n'avoir aucune personne à leur charge.

Ces dispositions ne sont pas applicables aux contribuables titulaires d'une pension prévue par la loi du 31 mars 1919 pour une invalidité de 40 0/0 et au-dessus, ni aux contribuables dont tous les enfants sont morts.

III. -- RÉCLAMATIONS EN MATIÈRE D'IMPOTS DIRECTS

Les réclamations en matière d'impôts directs sont de trois catégories :

1° — DEMANDE EN DÉCHARGE OU EN RÉDUCTION, si le contribuable croit avoir été indûment porté au rôle de l'impôt ou s'il prétend que le montant de sa cotisation est trop élevé.

Dans ce cas, il doit réclamer dans un délai prenant fin à l'expiration du troisième mois qui suit celui de la publication du rôle, sauf en cas de faux ou double emploi. Le délai ne prend alors fin que 3 mois après que le contribuable a eu officiellement connaissance des poursuites dirigées contre lui par le percepteur pour le recouvrement de la cote indûment imposée.

2° — DEMANDE EN REMISE OU MODÉRATION, si le contribuable désire faire valoir une perte totale ou partielle de ses facultés imposables.

Ces demandes, motivées par des pertes occasionnées par des évènements extraordinaires, doivent être présentées dans les 15 jours qui suivent ces évènements.

Si elles sont occasionnées par des vacances totales ou partielles de maisons ou par des chômages, elles doivent être présentées dans les 15 jours qui suivent l'année ou le trimestre d'inhabitation ou de chômage.

Le dégrèvement de l'impôt foncier n'est accordé pour les maisons que lorsque l'inhabitation a duré une année entière.

Les demandes en décharge ou en réduction ainsi que les demandes en remise ou en modération motivées par des vacances de maisons ou par des chômages doivent être rédigées sur papier timbré lorsqu'elles concernent une cote égale ou supérieure à 30 francs. Les droits de timbre des demandes reconnues fondées sont ultérieurement remboursés aux réclamants.

La demande doit indiquer, à peine de non recevabilité, la contribution ou taxe qu'elle concerne, l'objet de la réclamation et exposer sommairement les motifs de nature à la justifier.

Joindre à la demande l'avertissement ou l'extrait de rôle ou à défaut, indiquer le numéro de l'article du rôle dans lequel figure la contribution ou la taxe contestée.

Présenter une demande distincte par commune.

Les demandes doivent être adressées, pour Paris, au Préfet de la Seine, pour les départements, au préfet ou au sous-préfet.

Remarque. — Jusqu'à l'expiration du mois qui suit la publication des rôles, les contribuables peuvent présenter leurs demandes en décharge ou en réduction sans frais ni formalités, sous forme de déclarations reçues à la mairie du lieu de l'imposition.

Dans ce cas, joindre à la réclamation l'avertissement ou un extrait du rôle.

Il est immédiatement fait droit à celles dont le bien fondé est incontestable. Quant aux autres, les contribuables peuvent, après leur rejet, réintroduire une demande régulière au préfet ou au sous-préfet.

Les contribuables ont le droit de se pourvoir en Conseil d'Etat pour les réclamations rejetées par le préfet.

IV. -- PAIEMENT DES IMPOTS DIRECTS

Les impôts directs peuvent être payés suivant les modalités suivantes :

1° Versements en numéraire à la caisse du percepteur désigné sur l'avertissement ou l'avis;

2° Versement à la caisse d'un percepteur autre que celui désigné sur l'avertissement ou l'avis, sur présentation d'un avis ou d'un avertissement;

3° Paiement par mandat contribution, sur formule délivrée dans tous les bureaux de poste;

4° Paiement par chèque barré, envoyé par la poste sous pli non recommandé au percepteur désigné sur l'avertissement, avec une lettre ou une note reproduisant tous renseignements nécessaires;

5° Paiement par virement en banque, sur simple lettre à la banque du contribuable avec tous renseignements utiles;

6° Paiement par virement sur compte de chèques postaux;

7° Paiement par chèque postal.

V. — IMPOTS PERÇUS AU PROFIT DES BUDGETS DÉPARTEMENTAUX ET COMMUNAUX

A. — Contribution des patentes

Pour chaque assujetti, le principal ancien déterminé comme il sera exposé ci-dessous est multiplié par un centime-le-franc, variable suivant chaque commune. Ainsi, à Paris, la valeur du centime-le-franc est fixée pour 1925 à : 4 fr. 9471488 (voir feuille d'imposition).

a) PERSONNES ASSUJETTIES A L'IMPOT. — Tout individu, homme ou femme, mineur ou majeur, français ou étranger exerçant en France un commerce, une industrie, une profession quelconque non compris dans les exceptions déterminées par la loi.

La contribution est due s'il y a exercice *habituel*. En outre, il faut exercer pour son compte, à ses risques et périls. Les salariés ne sont pas patentables, sauf cependant ceux qui transportent des marchandises de commune en commune en les vendant pour le compte d'autrui.

b) ELÉMENTS DONT SE COMPOSE LA PATENTE. — Suivant les cas, la patente se compose : a) d'un droit fixe et d'un droit proportionnel, b) d'un droit fixe seulement, c) d'un droit proportionnel seulement.

1° *Droit fixe* — particulier à chaque profession.

2° *Droit proportionnel* — établi d'après la valeur locative des locaux d'habitation ou commerciaux de l'assujetti.

Pour l'application du tarif, les professions sont rangées en un cretain nombre de tableaux A, B, C, D, dont chacun comprend les professions ayant entre elles une certaine analogie.

c) DISPOSITIONS DIVERSES. — *Lieu d'imposition*. — *Pour le droit fixe* : dans la commune où sont situés les établissements, boutiques ou magasins qui y donnent lieu.

Pour le droit proportionnel : dans chaque commune où existent des locaux imposables.

Habitation. — Le patentable exerçant par lui-même, qui possède plusieurs maisons d'habitation, soit dans la même commune, soit dans des communes différentes, paye le droit proportionnel pour celle de ces maisons qui constitue sa résidence habituelle et principale et, le cas échéant, pour celles de ces maisons secondaires qui servent à l'exercice de sa profession.

Mais si le commerçant ou l'industriel ne participe en rien à l'exercice de la profession, c'est sur l'habitation du gérant ou du préposé que porte le droit proportionnel.

Détermination de la valeur locative. — C'est le loyer qu'obtiendrait le propriétaire des locaux et de l'outillage, s'il les louait. C'est la valeur brute, courante, ordinaire, que représente le prix de la location au moment de l'imposition.

Le droit proportionnel est donc calculé en fonction de la valeur locative *commerciale*, telle qu'elle résulte de la destination du local, de ses avantages d'installation, de notoriété, de clientèle, au moment même où s'établit l'imposition. On la détermine au moyen des baux authentiques ou des locations verbales enregistrées, soit par comparaison, soit par évaluation directe.

Remarque importante. — Ce n'est qu'à défaut de location que la base du droit proportionnel de la patente peut être déterminée par comparaison ou par évaluation directe. Les contrôleurs des contributions directes n'ont en la matière qu'un pouvoir d'appréciation très limité. En particulier lorsqu'il existe un bail d'avant guerre, cette base ne peut être modifiée en ce qui concerne la patente (arrêt récent du Conseil d'Etat). Donc, chaque fois qu'il y a un bail, la patente doit être calculée en fonction du loyer prévu au bail. Dans le cas où cette règle n'aurait pas été suivie, le contribuable peut réclamer en Conseil de préfecture et obtenir le dégrèvement.

Annualité de la patente. — Les rôles doivent être établis pour l'année à laquelle ils se rapportent et d'après les faits existants au 1er janvier. Cependant, des rôles supplémentaires peuvent être établis en cours d'année dans certains cas (cession ou fermeture d'établissement, etc...)

Cumul de professions. — Lorsqu'un contribuable exerce plusieurs professions, le montant de la patente est réglé ainsi :

a) *Droit fixe.* — Si les professions sont exercées dans le même établissement, une seule taxe est due : c'est la plus élevée. S'il y a plusieurs établissements, il est dû autant de taxes que d'établissements.

La taxe variable est due pour toutes les professions exercées dans un même établissement.

b) *Droit proportionnel.* — Si les diverses professions sont exercées dans un local unique, le droit est dû d'après le taux applicable à la profession pour laquelle il est le plus élevé. S'il y a plusieurs locaux, il est dû pour chacun d'eux suivant l'industrie qui y est exercée.

Dans tous les cas, la maison d'habitation est frappée d'après la profession comportant le droit le plus élevé.

Responsabilité des propriétaires, etc. — Les propriétaires et, à leur place, les principaux locataires sont responsables du dernier douzième et du douzième courant de la patente de leurs locataires, s'ils n'ont pas donné avis au percepteur du déménagement de leurs locataires un mois avant le terme fixé par le bail ou par les conventions verbales et, dans le cas où ce terme est devancé, comme aussi dans le cas de déménagement furtif, s'ils n'ont pas, dans les huit jours, donné avis du déménagement au percepteur.

B. — Contribution personnelle mobilière

Cet impôt est dû dans toute commune où le contribuable dispose de locaux d'habitation meublés.

a) Personnes assujetties. — Tout habitant français ou étranger jouissant de ses droits, non réputé indigent, et disposant d'une habitation meublée.

Jouir de ses droits signifie non point avoir l'entier exercice de ses droits civils, mais posséder des moyens personnels et suffisants d'existence provenant soit d'un patrimoine, soit de l'exercice d'une profession.

Par locaux imposables, on doit entendre l'habitation personnelle et ses dépendances (chambres de domestiques, écuries, remises, terres, orangerie, pavillons, etc...) à l'exclusion : des locaux commerciaux, industriels et agricoles; des parties distinctes et séparées de l'habitation personnelle occupées pour l'exercice d'une fonction publique ou d'une profession libérale; des locaux affectés au logement et à l'instruction des élèves dans une maison d'éducation.

Les locataires sont imposables, alors même que les meubles ne leur appartiennent pas (locations en garni).

Chaque contribuable est imposable pour les locaux qu'il occupe personnellement; mais ceux qui logent chez eux d'autres individus sont imposables pour la totalité de l'habitation comme si les personnes logées par eux n'avaient pas un appartement distinct et séparé.

b) BASE DE L'IMPOSITION : VALEUR LOCATIVE. — La valeur locative servant de base à la contribution mobilière est la valeur locative réelle des habitations, compte tenu, le cas échéant des avantages particuliers (situation, terrrains d'agrément) et de la plus-value qui en résulte.

D'autre part, la valeur locative de l'habitation est seule en jeu. Il y a donc lieu de déduire du prix fixé par l'acte de location, la partie de ce prix qui correspond à la jouissance d'éléments étrangers (meubles, matériels divers); les locataires en garni ne sont imposables que sur le loyer de l'appartement non garni de meubles.

Les répartiteurs tiennent de la loi le droit absolu d'apprécier eux-mêmes la valeur locative qui doit servir de base à l'établissement de l'impôt; ils ont le droit notamment d'apporter aux valeurs locatives résultant des baux en cours toutes les corrections qu'ils jugent nécessaires.

A Paris, les valeurs locatives retenues pour 1925 ont été fixées à 160 0/0 des loyers effectivement payés en 1924, sans qu'il soit fait état des loyers actuellement payés par les contribuables.

Les contribuables ont le droit de réclamation dans le cas où ils peuvent prouver que le loyer de base ainsi majoré est en désaccord avec la réalité ou supérieur à la moyenne des locations de maisons.

c) ETABLISSEMENT DE L'IMPOT. DÉDUCTIONS. — Dans les communes de plus de 5.000 habitants de population agglomérée, la valeur locative imposable est déterminée en déduisant du loyer réel d'habitation de chaque assujetti une somme uniforme (minimum de loyer).

Pour la ville de Paris, cette somme a été fixée à 375 francs. Elle est portée à 800 francs pour les contribuables ayant une personne à leur charge; chaque personne en sus donne droit à une déduction supplémentaire de 200 francs, sans que toutefois la déduction totale puisse excéder 2.000 francs.

La loi considère comme personne à la charge du contribuable et à la condition d'avoir le même domicile que celui-ci;

1°) Les descendants ainsi que les enfants recueillis, âgés de moins de 18 ans révolus ou s'ils sont infirmes;

2°) Les ascendants âgés de plus de 70 ans ou infirmes;

La femme du contribuable n'est pas considérée comme personne à la charge de ce dernier.

La contribution étant un impôt de répartition, l'impôt peut varier d'une année à l'autre. Pour 1925, la valeur du centime le franc à Paris, c'est-à-dire la somme à payer pour 1 franc de loyer imposable est de : 0 fr. 1551722.

Il suffit donc de multiplier cette somme par le montant du loyer imposable, c'est-à-dire après les déductions accordées par la loi, pour déterminer le montant de l'impôt.

Exemples : -

Contribuable habitant Paris, dont le loyer au 1er janvier 1925 représente une valeur locative de 2.000 francs.

S'il n'a personne à sa charge, le loyer imposable sera de : (2.000 — 375) = 1.625 × 0, 1551722 = 252 fr. 15.

S'il a une personne à sa charge, le foyer imposable sera de : (2.000 — 800) = 1.200 × 0,1551722 = 186 fr. 20.

S'il a 7 personnes à sa charge, le loyer imposable sera de : (2.000 — (800 + 6 fois 200) = 0. Il n'aura donc pas d'impôt à payer.

La déduction initiale ne devant pas dépasser 2.000 francs quel que soit le nombre de personnes à charge pour un contribuable ayant par exemple un loyer de 5.000 francs et 10 personnes à charge, le loyer imposable serait de (5.000 — 2.000) = 3.000 francs et l'impôt à payer serait de 3.000 × 0, 1551722 = 465 fr. 51.

d) PAYEMENT DE LA CONTRIBUTION — RESPONSABILITÉ. — La contribution devient exigible pour la totalité de l'année courante en cas :

a) de déménagement hors de la perception;

b) de vente volontaire ou forcée.

Les propriétaires et, à leur place, les principaux locataires, doivent. un mois avant l'époque fixée pour le déménagement ou la vente, se faire représenter les quittances de la contribution mobilière de leurs locataires.

Lorsque les locataires ne représentent pas ces quittances les propriétaires ou principaux locataires sont tenus, sous leur responsabilité personnelle, de donner dans les 3 jours avis du déménagement au percepteur.

Dans le cas de déménagement furtif, les propriétaires et, à leur place, les principaux locataires, deviennent responsables des termes échus de la contribution mobilière de leurs locataires, s'ils n'ont pas, dans les huit jours, donné avis du déménagement au percepteur.

C. — Contribution des portes et fenêtres

1°) Personnes imposables. — L'impôt suit le sort de la contribution foncière; il est inscrit au nom du propriétaire de l'immeuble.

2°) Bases de l'imposition. — La contribution est établie sur les portes et fenêtres donnant sur les rues, cours et jardins des bâtiments et usines servant à l'habitation.

Les expressions : rues, cours, jardins ne sont pas limitatives et les ouvertures donnant sur les prés et les champs sont passibles de l'impôt.

3°) Exemptions. — a) *permanentes* : locaux agricoles; locaux non destinés à l'occupation des hommes, manufactures, locaux occupés pour des services publics, etc...

b) *temporaires* : exemption pour 12 années accordée aux habitations à bon marché nouvellement construites.

4°) Calcul de l'impot : Tarifs. — C'est un impôt de répartition dont le principal est calculé suivant un tarif qui tient compte de 2 éléments :

a) La population : les communes sont, d'après leur population, rangées en deux catégories; tarif variable par catégorie.

b) Le nombre d'ouvertures : les maisons de moins de 6 ouvertures sont frappées d'une taxe unique quelle que soit la nature et la position des ouvertures.

Les maisons de six ouvertures et au-dessus : tarif variable suivant la nature et la fonction des ouvertures. Il existe des tarifs spéciaux pour Paris et Bordeaux.

CHAPITRE II

ENREGISTREMENT ET TIMBRE

I. -- ENREGISTREMENT

L'impôt de l'Enregistrement grève les actes et les mutations au fur et à mesure qu'ils se produisent.

I. — ACTES ET MUTATIONS
SOUMIS OBLIGATOIREMENT A L'ENREGISTREMENT

1° ACTES SOUMIS OBLIGATOIREMENT A L'ENREGISTREMENT. —
A) Les actes des notaires.

B) Les actes judiciaires, jugements et arrêts des Cours et Tribunaux.

C) Les actes des huissiers, commissaires priseurs et généralement les exploits et procès verbaux de tous agents ayant pouvoir d'en dresser (gendarmes, préposés de l'enregistrement, des contributions indirectes, de l'octroi, gardes assermentés, etc.).

D) Les actes des autorités administratives.

E) Les actes sous seing privé :

a) portant transmission de propriété ou d'usufruit de biens immeubles et engagement de biens de même nature;

b) contenant bail à ferme ou à loyer, sous bail, cession ou subrogation de bail des mêmes biens;

c) réalisant mutation de propriété de fonds de commerce ou de clientèle;

d) contenant des conventions *synallagmatiques* quelles qu'elles soient, c'est-à-dire les conventions dans lesquelles les contractants s'obligent réciproquement les uns envers les autres.

Dans le cas où la convention a fait l'objet de simples lettres échangées entre les parties, il n'y a pas « acte » au sens de la loi.

F) Les actes de toute nature passés en pays étranger ou dans les colonies, portant mutation de propriété, d'usufruit ou de jouissance d'immeubles et de fonds de commerce.

G) Les traités relatifs à la transmission à titre onéreux ou à titre gratuit d'un office, de la clientèle, des minutes, répertoires ou autres objets en dépendant (notaires, huissiers, greffiers, etc..)

Sont exempts de l'enregistrement certains actes soumis à des règles spéciales et comportant paiement périodique des droits : (actions et obligations des sociétés, polices d'assurances, etc.).

2° MUTATIONS SOUMISES OBLIGATOIREMENT A L'ENREGISTREMENT. — 1° Mutations par décès ou par suite d'absence constatée, quels que soient les biens qui composent la succession.

2° Mutations de propriété ou d'usufruit de biens immeubles.

3° Mutations de jouissance de biens immeubles, *sauf en ce qui concerne les locations verbales consenties suivant l'usage des lieux ou pour une durée ne dépassant pas 3 ans et dont le prix n'excède pas 2.000 francs à Paris et 1.000 francs dans les autres localités.*

4° Mutations à titre onéreux, de propriété ou d'usufruit de fonds de commerce et de clientèle.

5° Baux de pêche et de chasse, quels qu'en soient la durée et le prix.

6° Cessions de titres ou promesses d'actions ou d'obligations dans les Sociétés.

Remarque. — Dans ces divers cas, c'est la mutation elle-même qui donne ouverture à l'impôt. Si la mutation n'est pas constatée dans un acte, une déclaration doit être souscrite dans un délai déterminé. S'il a été rédigé un acte, la déclaration n'est pas recevable et les parties doivent soumettre à l'enregistrement le titre de transmission.

II. — ACTES IMPOSABLES PAR LA VOLONTE DES PARTIES OU PAR L'USAGE QUI EN EST FAIT

A) Tous actes ou écrits autres que ceux qui sont obligatoirement soumis à l'enregistrement peuvent être présentés à cette formalité à la réquisition des parties et sans délai de rigueur.

B) La formalité de l'enregistrement devient obligatoire, dès qu'il est fait usage d'un acte, soit par acte public, soit en justice, soit devant une autorité constituée (Président de la République, Chambres, Conseil d'Etat, Cour des Comptes, Ministres, Préfets et Sous-Préfets, Conseils de Préfecture, Maires).

III. — DELAIS D'ENREGISTREMENT

Pour tous les actes ou mutations soumis à l'enregistrement, la loi prévoit des délais de rigueur pour le paiment des droits.

Calcul du délai. — Pour le calcul du délai d'enregistrement, le jour de l'acte ou celui de l'ouverture de la succession n'est point compté, mais le jour de l'échéance en fait partie. Ex. : lorsque le délai est de 10 jours, un acte passé le 11 doit être enregistré au plus tard le 21.

a) *Jour férié.* — Si le dernier jour du délai se trouve être un jour férié, le délai est prolongé jusqu'au lendemain.

Cette règle ne s'applique qu'aux délais fixés pour l'enregistrement des actes et des déclarations. Le jour férié est compté en matière de prescription, en matière d'impôt sur le revenu, de taxe de transmission, d'opérations de bourse, d'assurances, etc.

b) *Mois.* — Les délais se comptent de quantième en quantième, sans égard au nombre inégal de jours qui composent le mois. Ex. : un bail sous seings privés du 30 novembre, soumis à l'enregistrement dans un délai de 3 mois, devra être enregistré au plus tard le 28 février suivant.

c) *Fermeture des Bureaux.* — Le délai expire à 16 heures, moment précis de la fermeture des bureaux d'enregistrement.

Délais divers. — *Actes judiciaires.* — Ils sont soumis à la formalité dans les 20 jours de leur date.

Actes administratifs. — Règle : Délai de 20 jours.

Pour ceux de ces actes qui sont soumis à approbation, le délai ne court que du jour où cette approbation est parvenue au fonctionnaire compétent.

Actes sous seings privés. — Ceux de ces actes qui sont obligatoirement soumis à l'enregistrement doivent être présentés à la formalité dans le délai de 3 mois.

IV. — DIVERS DROITS D'ENREGISTREMENT

I. — DROITS FIXES. — Leur quotité est variable, mais elle est identique pour tous les actes qui appartiennent à une classe déterminée, quel que soit le montant des valeurs déterminées dans ces actes.

A) *Actes soumis aux droits fixes.* — En principe : actes civils judiciaires et extra-judiciaires, qui ne contiennent ni obligation, ni condamnation, collocation ou liquidation de sommes ou valeurs, ni transmission de propriété, d'usufruit ou de jouissance de biens immeubles. Toutefois, certains actes dits déclaratifs (contrats de mariage, partage, mainlevée, etc...) sont soumis au droit proportionnel réduit.

B) *Actes innomés.* — Tous les actes civils, judiciaires ou extrajudiciaires qui ne sont pas dénommés dans les lois fiscales ou qui ne sont pas expressément soumis à un tarif déterminé doivent être enregistrés au droit fixe.

II. — DROITS PROPORTIONNELS. — A) *Actes et mutations soumis au droit proportionnel.* — Tous les actes qui ont pour objet un mouvement de valeurs, c'est-à-dire qui transmettent, libèrent ou obligent, ainsi que les mutations qui sont soumises à l'enregistrement dans un délai déterminé.

B) *Détermination du taux pour cent.* — Le taux varie d'après l'objet des transactions (meubles ou immeubles par exemple), d'après la nature des droits transmis (propriété, jouissance, obligation, libération), et d'après le caractère gratuit ou onéreux de la transmission.

C) *Mode de calcul.* — Le droit proportionnel se liquide d'après le montant des valeurs qui font l'objet des actes et des mutations. Ex. : sur un acte d'emprunt de 2.000 francs, le droit d'obligation étant de 1 0/0 en principal, le redevable devra payer 20 francs, sur un acte d'emprunt de 3.000 francs, il devrait payer 30 francs (en principal, décimes non compris).

D) *Déclaration estimative.* — Si les valeurs ne sont pas estimées dans l'acte, les parties doivent souscrire une déclaration estimative.

E) *Fraction de centime.* — Lorsque le calcul du droit proportionnel donne une fraction de centime, le centime est forcé au profit du Trésor.

F) *Perception de 20 francs en 20 francs.* — Le droit proportionnel suit, pour la perception, les sommes de 20 francs en 20 francs, inclusivement et sans fraction. Ex. : Le montant d'une obligation étant de 548 francs, le droit est liquidé sur 560 francs; si l'obligation est de 561 francs, le droit est liquidé sur 580.

G) *Exceptions.* — 1° Le droit de succession suit les sommes de franc en franc lorsqu'il s'agit de parts nettes ne dépassant pas 500 francs.

2° De même pour les ventes d'immeubles lorsqu'il s'agit de sommes et valeurs ne dépassant pas 500 francs.

3° Pour les baux de pêche et de chasse, le droit de 12 0/0 suit les sommes de franc en franc, quel que soit le prix stipulé.

H) *Droit minimum.* — Le minimum du droit proportionnel à percevoir sur un acte ou une mutation est fixé à 50 centimes, sans décimes.

3° DROIT PROPORTIONNEL RÉDUIT. — Un certain nombre d'actes déclaratifs, c'est-à-dire qui n'opèrent pas mutation (contrat de mariage, partage, délivrance de legs, etc...) sont soumis à un droit proportionnel réduit de 1, 50 0/0. Ce droit se liquide suivant les mêmes règles que le droit proportionnel ordinaire.

4° DROIT PROGRESSIF. — Le tarif s'élève au fur et à mesure que croît l'importance des valeurs qui y sont soumises.

Notamment, les mutations par décès sont assujetties à des tarifs spéciaux augmentant à la fois avec l'importance des parts recueillies et le degré de parenté des héritiers.

V. — CALCUL DE L'IMPOT

La détermination du capital imposable est faite de la manière suivante :

1° Pour les actes ou conventions à titre onéreux (ventes, échanges), lorsque le montant du capital n'est pas exprimé dans l'acte, il y a lieu à déclaration des parties, contrôlée par l'administration.

2° Pour les mutations à titre gratuit (donations, successions), les parties ou l'administration doivent évaluer le capital imposable.

DROIT D'EXPERTISE ACCORDÉ A L'ADMINISTRATION DE L'ENREGISTREMENT. — Lorsque les prix sont exprimés dans l'acte, l'Administration n'est pas tenue de les accepter. La loi permet à l'Administration de recourir à l'expertise. Ce droit est étendu à tous les actes ou déclarations constatant, soit une mutation à titre onéreux ou à titre gratuit ou un échange de biens immeubles, de fonds de commerce, soit l'énonciation de biens de même nature accompagnée d'une déclaration estimative pour l'assiette du droit proportionnel.

Lorsque l'accord sur l'estimation ne s'est pas fait à l'amiable, la demande en expertise doit être faite par requête au Président du Tribunal civil dans les 2 ans à partir du jour de l'enregistrement de l'acte ou de la déclaration. Ce délai est réduit à 6 mois en matière de vente de fonds de commerce.

Si l'expertise révèle une insuffisance égale ou supérieure au huitième du prix exprimé ou de la valeur déclarée, les parties devront acquitter solidairement :

1° Le droit simple sur le complément d'estimation.

2° Un droit en sus, si l'insuffisance est reconnue amiablement avant le dépôt au greffe du tribunal, du rapport de l'expert, et un double droit en sus dans le cas contraire.

3° Les frais de l'expertise.

Auune pénalité n'est encourue et les frais de l'expertise restent à la charge de l'administration lorsque l'insuffisance est inférieure au huitième du prix exprimé ou de la valeur déclarée.

II. -- RÈGLES ET TARIFS APPLICABLES
A L'ENREGISTREMENT DES ACTES LES PLUS
USUELS

ABRÉVIATIONS D. f. : Droit fixe D. p. : Droit proportionnel
REMARQUE. — *Les droits ci-après s'entendent tous décimes compris.*

ACCIDENTS DU TRAVAIL. — Tous actes relatifs aux accidents du travail, dans les cas prévus par la loi du 8 avril 1898 et certaines lois postérieures sont visés pour timbre et enregistrés gratis.

ACTES DE COMMERCE. — L'acte de commerce; c'est-à-dire tout acte ayant pour objet une spéculation, ou une opération se rattachant à une entreprise industrielle ou commerciale, donne lieu à la perception d'un droit fixe de 12 francs s'il réunit les 3 conditions suivantes :

1° l'acte doit être réputé acte de commerce par les art. 632, 633 et 634, n° 1 du Code de commerce.

2° L'acte doit être rédigé sous signature privée.

3° Il faut que l'acte appartienne à la catégorie des marchés et traités visés par la loi du 22 frimaire an VII, art. 69. §§ 3 et 5.

Le bénéfice de l'enregistrement au droit fixe n'est que provisoire, le droit proportionnel devient exigible dès qu'un jugement intervient sur ces traités ou qu'un acte public est fait en conséquence.

APPRENTISSAGE (Contrat d'). — D. f. 3, 60

ACTIONS ET OBLIGATIONS NEGOCIABLES (*Valeurs mobilières*).

A) VALEURS FRANÇAISES :

1° Droit de timbre

    a) Droit au comptant

Actions. — Sociétés dont la durée ne dépasse pas 10 ans .... D. p. 1, 20 0/0
Sociétés dont la durée dépasse 10 ans D. p. 2, 40 0/0
Obligations .... D. p. 2, 40 0/0
    b) Droit par abonnement .... D. p. 0, 12 0/0

2° Droit de transmission

Titres nominatifs .... D. p. 1, 08 0/0
Titres au porteur (taxe annuelle) ...... D. p. 0, 84 0/0
Conversion du nominatif au porteur .... D. p. 2, 20 0/0
Conversion du porteur au nominatif .... exempt

3° Impôt sur le revenu

    Actions, parts d'intérêts, obligations, etc. D. p. 12, 00 0/0

    Lots .... D. p. 24, 00 0/0

    Créances, dépôts et cautionnements .. D. p. 12, 00 0/0

B) VALEURS ETRANGÈRES :

    1° *Valeurs abonnées*

        a) Droit de timbre .... D. p. 0, 12 0/0

        b) Droit de transmission .... D. p. 0, 84 0 0

        c) Impôt sur le revenu .... D. p. 12, 00 0/0

    2° *Valeurs non abonnées et fonds d'Etat*

        a) Droit de timbre .... D. p. 2, 40 0/0

        b) Impôt sur le revenu .... D. p. 18, 00 0/0

ASSISTANCE JUDICIAIRE. — Toute personne admise au bénéfice de l'assistance judiciaire est dispensée du paiement dès sommes dues au Trésor pour droit de timbre et d'enregistrement sur tous les actes de la procédure. Ces actes sont timbrés et enregistrés en débet.

Ces droits tombent en non valeur si l'assisté est condamné. Dans le cas contraire, ils sont recouvrés, après le jugement contre l'adversaire de l'assisté .

Toutefois, le Trésor est quelquefois appelé à avancer certains frais aux juges, greffiers, huissiers et experts. Ces avances sont recouvrées contre la partie condamnée, que ce soit l'assisté ou son adversaire.

ASSURANCES. — Les contrats d'assurances sont frappés de droits d'enregistrement et de droits de timbre. Ces droits varient suivant les catégories d'assurances.

    1° *Assurances contre l'incendie.*

    Taxe annuelle de 13,20 0/0 des primes, cotisations ou contributions payées par l'assuré. La retenue est faite par l'assureur.   —

    2° *Assurances sur la vie.*

    Taxe annuelle de 1,50 0/0 sur la prime versée chaque année aux assureurs.

    3° *Assurance en rente viagère.*

    Taxe de 2, 70 0/0 sur le montant des versements faits annuellement à l'assureur.

    4° *Assurances contre les accidents corporels et les accidents et risques matériels — Risques agricoles.*

    Taxe annuelle de 2, 70 0/0 sur le montant des versements faits à l'assureur.

NOTA. — Tout Français qui souscrit à l'étranger une assurance sur la vie, une rente viagère ou une assurance contre les accidents est tenu :

    a) de souscrire au bureau d'enregistrement de son domicile une déclaration faisant connaître tous renseignements utiles pour le paiement de l'impôt.

b) d'acquitter chaque année à ce bureau la taxe de 2, 70 0/0

APPEL. — D'une décision de Conseil de prud'hommes D. f. . 4, 40
D'un jugement de paix .... D. f. 12, 00
D'un jugement civil ou de commerce .... D. f. 24, 00

BAIL. — BAUX A DURÉE LIMITÉE. — Ils sont soumis au droit proportionnel de 0, 72 0/0, quelle que soit la nature des biens loués, meubles ou immeubles.

a) Baux écrits.

Le bail authentique est soumis aux règles d'enregistrement qui régissent les actes publics.

Le bail sous seings privés doit être présenté à la formalité au bureau de la situation des biens dans le délai de 3 mois (4 mois pour le bailleur).

b) Locations verbales.

Doivent seules être obligatoirement déclarées :

1° Les locations verbales d'immeubles consenties pour une durée supérieure à 3 ans quel qu'en soit le prix.

2° Toutes les locations verbales d'immeubles dont le prix excède 2.000 francs à Paris et 1.000 francs dans les autres localités.

LIQUIDATION DU DROIT. — Le droit de bail est assis sur « le prix annuel exprimé, en y ajoutant les charges imposées au preneur ».

LE PRIX. — Lorsque le prix consiste en une somme d'argent, le droit est liquidé sur la somme exprimée, si elle s'applique à toute la durée du bail. S'il s'agit d'une somme annuelle, cette somme est multipliée par le nombre d'années et le droit est perçu sur le produit ainsi obtenu. Lorsque le prix est payable en nature, il doit faire l'objet d'une évaluation.

LES CHARGES. — Doivent être ajoutées au prix du bail, les charges, c'est-à-dire toutes les obligations incombant légalement au bailleur et auxquelles le preneur s'engage aux lieu et place du bailleur en sus de son prix, notamment : l'impôt foncier et les primes d'assurance des bâtiments.

Les obligations incombant normalement au preneur ne doivent pas être ajoutées au prix : réparations locatives, centimes locaux, etc...

FRACTIONNEMENT DES DROITS. — Le droit est exigible lors de l'enregistrement. Toutefois, si les parties le requièrent, et si le bail est de plus de 3 ans, le montant du droit pourra être fractionné en autant de paiements égaux qu'il y aura de périodes triennales dans la durée du bail.

CAUTIONNEMENT DES BAUX. — Le cautionnement des baux à ferme

et à loyer consentis pour une durée limitée donne lieu à la perception d'un droit égal à la moitié du droit principal auquel donne lieu le bail lui-même.

AUTRES CONTRATS DE BAUX. — A) *Baux à durée illimitée :* Les baux d'immeubles à rente perpétuelle et les baux dont la durée est illimitée sont assujettis au droit de 10 0/0.

Même tarif pour les baux à vie.

B) *Baux administratifs.*

a) *Baux consentis à l'Etat :* ils doivent être enregistrés gratis;

b) *Baux consentis par l'Etat à des particuliers :* mêmes règles générales que pour les baux entre particuliers.

c) *Baux consentis à des départements et communes* ou par eux à des particuliers : règles ordinaires.

CESSIONS, RÉSILIATIONS ET RÉTROCESSIONS DE BAUX. — A) *Cession de bail :* La sous-location et la cession de bail sont considérées comme un bail et soumises aux mêmes droits.

De plus, toute cession d'un droit à un bail ou du bénéfice d'une promesse de bail portant sur tout ou partie d'un immeuble, quelle que soit la forme qui lui est donnée par les parties, qu'elle soit qualifiée cession de pas de porte, indemnité de départ ou autrement est soumise à un droit d'enregistrement de 12 fr. 0/0 s. d.

Ce droit est perçu sur le montant de la somme ou indemnité stipulée par le cédant à son profit. Il est indépendant de celui qui peut être dû pour la mutation de jouissance des biens loués.

Les actes de cession établis en la forme sous seings privés doivent être enregistrés au bureau de la situation des biens.

A défaut d'acte constatant la cession, le droit est perçu sur une déclaration faite au bureau de l'enregistrement dans les 3 mois de l'entrée en jouissance des biens loués.

A défaut du paiement du droit dans les délais, l'ancien et le nouveau locataire sont tenus chacun, personnellement et sans recours, d'un droit en sus qui ne pourra pas être inférieur à 100 francs en principal.

B) *Résiliation de bail :* La résiliation d'un bail donne ouverture au droit de 0, 72 0/0 sur le prix et les charges pendant les années restant à courir du bail ou de la période en cours.

BAUX DE PÊCHE ET DE CHASSE. — Taxe spéciale de 12 0/0 perçue sur le prix du bail augmenté des charges et qui se superpose au droit de bail de 0, 72 0/0.

CERTIFICAT DE VIE, par acte civil ...... D. f. 7, 20

CERTIFICAT DE VIE, par acte judiciaire .. D. f. 3, 60

CERTIFICAT DE PROPRIETE, par acte civil D. f. 7, 20

CERTIFICAT DE PROPRIETE, par acte judiciaire .... D. f. 3, 60

Les certificats de propriété, délivrés pour le service

des Caisses d'épargne sont visés pour timbre
et enregistrés gratis.

CESSION DE CREANCE .... D. p. 1, 50 0/0
COMPTE DE TUTELLE .... D. f. 7, 20
    Contenant un arrêté avec obligation de sommes D. p. 1, 50 0/0
CONGE, par acte amiable .... D. f. 7, 20
        par acte d'huissier .... D. f. 4, 80
CONTRATS DE MARIAGE
    Sur les apports nets .... D. p. 1, 20 0/0
    Sans constatation d'apports .... D. f. 12, 00
CREANCES, Dépôts et Cautionnements (Revenu
    des..) .... D. p. 12, 00 0/0
DONATIONS. — Les donations sont assujetties à des tarifs pro-
    gressifs, qui varient suivant les cas dans lesquels la libéralité est
    consentie (donations ordinaires, donations par contrat de mariage
    ou dans un partage d'ascendants); ils augmentent avec le degré de
    parenté unissant le donateur au donataire, mais comportent une
    réduction dans certains cas, suivant le nombre des enfants du
    donateur.
Donation à un mutilé de guerre frappé d'une invali-
    dité minima de 50 0/0
        sur les premiers 100.000 francs .... D. p. 10, 80 0/0
Dons de bienfaisance aux départements, communes,
    etc. .... D. p. 10, 80 0/0
ECHANGE. — Meubles .... D. p. 2, 40 0/0
    Immeubles .... D. p. 5, 40 0/0
    Soultes ou plus values .... D. p. 12, 00 0/0
FONDS DE COMMERCE (Cessions)
    Matériel, achalandage, droit au bail ...... D. p. 6, 00 0/0
    Marchandises neuves .... D. p. 1, 50 0/0
LETTRE DE CHANGE (Effets négociables) .. D. p. 1, 00 0/0
MAINLEVEE D'HYPOTHEQUE .... D. p. 1, 00 0/0
OBLIGATION HYPOTHECAIRE au porteur
    de la grosse .... D. p. 3, 30 0/0
NOTORIETE .... D. f. 7, 20
PARTAGE (sur l'actif net partagé) .... D. p. 0, 60 0/0
PROCURATION .... D. f. 7, 20
PROTET et dénonciation de protêt .... D. f. 2, 40
RENTE. Constitution à titre onéreux .... D. p. 2, 40 0/0
SOCIETES
    a) Formation et prorogation .... D. p. 3, 00 0/0
    b) Droit de transcription .... D. p. 2, 40 0/0
    c) Dissolution .... D. f. 18, 00

TRANSCRIPTION (immobilière) .... D. p. 2, 40 0/0
VENTE
   A) *Vente d'immeubles* .... D. p. 12, 00 0/0
     Achats pour revendre .... D. p. 14, 40 0/0
     Immeubles situés à l'étranger .... D. p. 1, 20 0/0
     Vente en justice (taxe proportionnelle supplé-
       mentaire) .... D. p. 0, 26 0/0
     Vente d'immeubles dont le prix excède
       300.000 francs.
     Surtaxe 1 0/0 en principal sur la partie du
       prix qui excède 300.000 francs.
     Surtaxe 2 0/0 en principal sur la partie du
       prix qui excède 500.000 francs.
     Surtaxe non applicable en cas de : vente sur
       saisie immobilière, vente de biens dé-
       pendant d'une faillite, ou licitation de
       biens de mineurs, d'absents ou d'in-
       terdits, vente en vue de partage de biens
       provenant d'une succession, de biens de
       successions vacantes, de biens dotaux.
B) *Vente de meubles* .... D. p. 6, 00 0/0
     Marchandises avariées et débris de navires
       naufragés .... D. p. 1, 20 0/0
     Meubles et marchandises après faillite.... D. p. 0, 75 0/0
     Objets de luxe (entre non commerçants) .. D. p. 12, 00 0/0

III. -- RÉGIME FISCAL DES SUCCESSIONS

1° DÉCLARATION. — Les héritiers ou légataires, leurs tuteurs ou curateurs, doivent, dans un délai de 6 mois à compter du jour du décès, souscrire une déclaration des biens qui leur sont transmis. Ce délai est port à 8 mois ou à un an selon que le défunt est décédé à l'étranger ou hors d'Europe. Cette déclaration doit être faite au bureau d'enregistrement du domicile du défunt, quelle que soit la situation des biens de la succession. Si le défunt n'était pas domicilié en France, la déclaration doit être souscrite au bureau du lieu du décès et si le décès n'est pas survenu en France, à certains bureaux désignés par l'Administration.

Les déclarations de successions doivent contenir tous les renseignements nécessaires pour la liquidation de l'impôt. Elles doivent être affirmées sincères et véritables. Les héritiers doivent également affirmer que leurs déclarations comprennent tous les biens qui à leur connaissance appartiennent au défunt. Ces mentions doivent être écrites et signées par les déclarants eux-mêmes.

2° BIENS A DÉCLARER. — Sont sujettes à déclaration et passibles de l'impôt toutes les valeurs faisant partie du patrimoine du défunt au jour du décès : meubles ou immeubles situés en France ou à l'étranger, rentes des Gouvernements français ou étrangers, actions et obligations nominatives et au porteur, parts d'intérêts et commandites simples, numéraire, livrets de caisse d'épargne, assurances sur la vie, dépôts dans les banques, soldes créditeurs de comptes courants, créances et rentes sur les particuliers, etc...

Biens situés à l'étranger : Lorsqu'une succession comprend des biens mobiliers ou immobiliers, de quelque nature que ce soit, déposés ou existant à l'étranger, un envoi en possession spécial de ces biens devra être prononcé sur requête, par une ordonnance du président du tribunal de première instance dans le ressort duquel la succession s'est ouverte.

Cette ordonnance devra contenir l'énumération de tous les biens mobiliers dont se composent les éléments du patrimoine transmis.

Le serment sera déféré sur la sincérité de l'énumération.

Remarque : Sont présumés jusqu'à preuve contraire, faire partie de la succession, pour la liquidation et le paiement des droits de succession les titres et les valeurs dont le défunt a perçu le revenu moins d'un an avant son décès, et dont les héritiers, donataires, ou légataires universels ou à titre universel du défunt sont ultérieurement reconnus être en possession.

3° Evaluation des biens transmis. — A) *Biens meubles*. — A défaut d'inventaire ou de vente publique, la valeur du mobilier est déterminée ne prenant pour base 60 0/0 de l'évaluation faite dans les contrats d'assurance en cours au jour du décès et sousrits moins de 5 ans avant l'ouverture de la sucession. A défaut de ces éléments la déclaration des parties est prise pour base et les héritiers doivent annexer à leur déclaration un état sur timbre présentant l'estimation, article par article, des objets mobiliers.

Les valeurs négociables en bourse sont estimées au cours moyen du jour du décès.

B) *Biens immeubles*. — La valeur vénale des immeubles est seule à considérer pour la liquidation des droits de succession. Cette valeur est déterminée par la déclaration estimative des parties, à moins que les immeubles n'aient fait l'objet d'une adjudication susceptible d'être prise pour base. Dans ce dernier cas, c'est le montant de l'adjudication qui est pris pour base de l'impôt; toutefois, les héritiers sont admis à prouver que la consistance de l'immeuble s'est modifiée entre l'adjudication et le décès ou entre le décès et l'adjudication.

De plus, l'administration admet les particuliers à déclarer leurs immeubles d'après leur revenu, ce revenu étant capitalisé par 25 lorsqu'il s'agit d'un immeuble rural et par 20 lorsqu'il s'agit d'un immeuble urbain, ou encore d'après les baux en cours.

Les immeubles situés dans la circonscription de bureaux autres qe celui où est souscrite la déclaration doivent être détaillés distinctement, pour chaque bureau de la situation des biens, sur une formule fournie par l'administration et signée par le déclarant.

Usufruit et nue propriété. — La valeur de l'usufruit et de la nue propriété transmis par décès, est déterminée d'après une proportion basée sur l'âge de l'usufruitier (variable des 7/10 si l'usufruitier a moins de 20 ans, à 1/10 s'il a plus de 70 ans).

Les héritiers sont tenus d'indiquer dans leur déclaration la date et le lieu de naissance de l'usufruitier et, si celui-ci est né hors de France ou d'Algérie, de produire son acte de naissance.

Déduction du passif. — Les dettes civiles et commerciales à la charge du défunt sont déduites pour la liquidation et le paiement des droits de succession à la double condition :

1° Que la dette existe à la charge personnelle du défunt au jour de l'ouverture de la succession.

2°. Qu'elle résulte, à la même époque, d'un titre susceptible de faire preuve en justice contre le défunt.

Les dettes dont la déduction est demandée par les héritiers doivent être détaillées article par article dans un inventaire sur papier non timbré qui est déposé au bureau lors de la déclaration de succession et certifié par le déposant.

Lorsque la dette ne résulte pas d'un titre authentique (jugement ou arrêt, acte notarié, administratif ou judiciaire) les héritiers doivent représenter au receveur le titre lui-même ou une copie collationnée par un notaire ou le greffier de justice de paix. En outre, le receveur peut, s'il le juge nécessaire, exiger une attestation du créancier certifiant l'existence de la dette.

Pour les dettes échues plus de 3 mois avant l'ouverture de la succession, l'attestation du créancier est obligatoire.

S'il s'agit de dette commerciale, le receveur peut se faire représenter les livres de commerce du défunt.

Dettes dont la déduction est prohibée. Ce sont notamment :

a) les dettes échues depuis plus de 3 mois;

b) les dettes au profit des héritiers et des personnes interposées;

c) les dettes reconnues par testament (à moins qu'elles ne résultent d'un titre antérieur);

d) les dettes hypothécaires résultant d'inscriptions périmées;

e) les dettes résultant de titres passés ou de jugements rendus à l'étranger, à moins qu'ils n'aient été rendus exécutoires en France;

f) les dettes prescrites.

4° TAXE SUCCESSORALE. — Dans le cas où le défunt ne laisse pas 4 enfants au moins, vivants ou représentés, il est perçu une taxe progressive par tranches sur le capital global net des successions. L'actif net à considérer est l'actif héréditaire, déduction faite du passif.

Cette taxe est perçue indépendamment des autres droits avec lesquels elle se cumule. Elle varie suivant que le défunt n'a pas laissé d'enfant ou en a laissé 1, 2 ou 3 et suivant l'importance de la succession.

Les legs recueillis par les départements, les communes, les établissements publics sont exonérés de la taxe.

Tarif de la taxe successorale

TARIF APPLICABLE à la fraction comprise entre :		Nombre d'Enfants laissés par le Défunt :			
		3 enfants vivants ou représentés	2 enfants vivants ou représentés	1 enfant vivant ou représenté	pas d'enfant vivant ni représenté
		$^o/_o$	$^o/_o$	$^o/_o$	$^o/_o$
1 et	2.000 frs	0 30	0 60	1 20	3 30
2.001	10.000	0 60	1 20	2 40	7 20
10.001	50.000	0 90	1 80	3 60	10 80
50.001	100.000	1 20	2 40	4 80	14 40
100.001	250.000	1 50	3	6	18
250.001	500.000	1 80	4 20	7 80	21 60
500.001	1.000.000	2 70	5 10	9 60	25 20
1.000.001	2.000.000	3 84	7 20	14 40	28 80
2.000.001	5.000.000	4 32	8 10	15 20	32 40
5.000.001	10.000.000	4 80	9	18	36
10.000.001	50.000.000	5 28	9 90	18 80	39 60
50.000.001	100.000.000	5 76	10 80	21 60	43 20
100.000.001	500.000.000	6 60	12	24	44 40
Au-dessus de	500.000.000	9	14 40	25 40	46 80

Tarifs établis en tenant compte du double décime (*art. 3 - Loi du 23 mars 1924*)

5° LIQUIDATION DES DROITS DE SUCCESSION. — Les droits sont liquidés par le receveur d'enregistrement distinctement sur la part nette recueillie par chacun des héritiers.

Chaque part est fractionnée par tranches et chaque tranche est soumise à un tarif progressif et gradué d'après le degré de parenté. Le tarif ne s'applique qu'à la part nette que recueille chaque héritier ou légataire et non à la masse de la succession.

La taxe successorale étant assimilée au passif de l'hérédité, on la déduit de l'actif héréditaire avant d'opérer la dévolution des biens.

La succession suit les sommes de franc en franc pour toute part nette n'excédant pas 500 francs et de 20 francs en 20 francs pour toute part supérieure à 500 francs.

La part d'impôt qui incombe à chaque héritier ou légataire ne peut excéder 80 0/0 de la part nette qui lui est dévolue. (Voir tableau, p. 35).

DROITS DE SUCCESSION (*Tarifs progressifs*)

INDICATION DES DEGRÉS DE PARENTÉ	TARIF APPLICABLE A LA FRACTION DE PART NETTE COMPRISE ENTRE :											
	1 et 2.000 fr.	2.001 et 10.000	10.001 et 50.000	50.001 et 100.000	100.001 et 250.000	250.001 et 500.000	500.001 et 1.000.000	1.000.001 et 2.000.000	2.000.001 et 5.000.000	5.000.001 et 10.000.000	10.000.001 et 50.000.000	Au-delà de 50.000.000
	°/₀	°/₀	°/₀	°/₀	°/₀	°/₀	°/₀	°/₀	°/₀	°/₀	°/₀	°/₀
Ligne directe descendante au 1er degré	1 20	2 40	3 60	4 80	6	7 20	8 40	10 80	13 20	15 60	18	20 40
Ligne dir. descend. au 2e degré et entre époux	1 80	3	4 20	5 40	6 60	7 80	9	11 40	13 80	16 20	18 60	21
Ligne directe descendante au delà du 2e degré	2 40	3 60	4 80	6	7 20	8 40	9 60	12	14 40	16 80	19 20	21 60
Ligne directe ascendante au 1er degré	3	4 20	5 40	6 60	7 80	9	10 20	12 60	15	17 40	19 80	22 20
Ligne directe ascendante au 2e degré	3 60	4 80	6	7 20	8 40	9 60	10 80	13 20	15 60	18	20 40	22 80
Ligne directe ascendante au delà du 2e degré	4 20	5 40	6 60	7 80	9	10 20	11 40	13 80	16 20	18 60	21	23 40
Entre frères et sœurs	12	14 40	16 80	19 20	22 80	26 40	30	33 60	38 40	43 20	44	52 80
Entre oncles ou tantes et neveux ou nièces	18	20 40	22 80	25 20	28 80	32 40	36	39 60	44 40	49 20	51	58 80
Entre grands-oncles ou grand' tantes et petits neveux ou petites nièces et entre cousins germains	24	26 40	28 80	31 20	34 80	38 40	42	45 60	50 40	55 20	60	64 80
Entre parents au delà du 4e degré et entre personnes non parentes	30	32 40	34 80	37 20	40 80	44 40	48	51 30	56 40	61 20	66	66 80

Tarifs établis en tenant compte du double décime (*art. 3 - Loi du 23 mars 1924*)

6° APPLICATION DE TARIFS RÉDUITS. — Les tarifs sont réduits en faveur de certains héritiers :

A. — Parts nettes ne dépassant pas 10.000 francs recueillies dans des successions dont le montant total n'excède pas 25.000 francs. Elles sont soumises aux tarifs réduits ci-dessous :

INDICATION DES DEGRÉS DE PARENTÉ	TAUX APPLICABLE à la fraction de part nette comprise entre :	
	1 franc et 2.000 frs	2.001 francs et 10.000 frs
	º/o	º/o
1° Ligne directe { 1er degré	1 20	1 80
2me degré	1 80	2 40
Au-delà du 2me degré	2 40	3
2° Entre époux	4 80	5 70
3° Entre frères et sœurs	12	12 90
4° Entre oncles ou tantes et neveux ou nièces...	14 40	15 60
5° Entre grands oncles ou grand'tantes, petits neveux ou petites nièces, entre cousins germains	18	19 20
6° Entre parents au delà du 4e degré et entre personnes non parentes	21 60	22 80

Tarifs établis en tenant compte du double décime *(art. 3 - Loi du 23 mars 1924 -*

B. — Dans toute succession où le défunt laisse plus de 4 enfants vivants ou représentés, il est déduit de l'actif global net, pour la liquidation des droits de succession, 10 0/0 par enfant en sus du quatrième, sans que cette déduction puisse excéder 15.000 par enfant.

C. — Lorsque les héritiers, donataires ou légataires ont au moins 4 enfants vivants au moment de l'ouverture de la succession, les droits de mutation à leur charge sont diminués de 10 0/0 par enfant en sus du troisième, sans que la déduction puisse dépasser 2.000 francs ou que la réduction totale puisse excéder 30 0/0 des droits.

Est assimilé aux enfants vivants, tout enfant qui :

a) étant militaire, est mort sous les drapeaux pendant la durée de la guerre, ou, soit sous les drapeaux, soit après son renvoi dans ses foyers, est mort dans l'année à compter de la cessation des hostilités, de blessure reçue ou de maladie contractée pendant la guerre;

b) n'étant pas militaire, a été tué par l'ennemi au cours des hostilités ou est décédé des suites de fait de guerre, soit durant les hostilités, soit dans l'année à compter de la cessation des hostilités.

D. — Lorsque la succession passe des grands parents aux petits enfants, par suite du prédécés du père ou de la mère tué à l'ennemi ou mort victime de la guerre, il est fait application, pour la liquidation des droits de succession, du tarif de la ligne directe descendante au premier degré.

E. — Les legs faits dans un but de bienfaisance aux départements, communes ou établissements publics, sont taxés à un tarif proportionnel de 9 0/0.

F. — Les legs faits à titre particulier à des mutilés de la guerre atteints d'une invalidité de 50 0/0 au moins, ne peuvent, pour la première tranche de 100.000 francs, être taxés au delà du même tarif progressif proportionnel de 9 0/0.

7° PAIEMENT DES DROITS DE SUCCESSION. — Le montant de l'impôt, tant pour la taxe successorale, que pour les droits de mutation, peut être acquitté en plusieurs versements semestriels égaux. Le nombre de ces versements varie selon que les droits représentent une proportion plus ou moins élevée de la part nette recueillie par chaque héritier. Leur nombre ne peut être supérieur à 10 et le montant des droits différés porte intérêt au taux légal.

IV. -- DROITS DE TIMBRE

1° — TIMBRES DE QUITTANCE

0 fr. 25 quand les sommes dépassent 10 fr., mais n'excèdent pas 100 fr.;

0 fr. 50 quand les sommes sont comprises entre 100 fr. et 1.000 fr.;

1 fr. quand les sommes sont comprises entre 1.000 fr. et 10.000 fr.;

3 fr. quand les sommes sont comprises entre 10.000 fr. et 50.000 fr.;

et, au delà, 1 fr. en sus par nouvelle fraction de 50.000 fr.;

le droit de timbre des titres, de quelque nature qu'ils soient, signés ou non signés, faits sous signatures privées, qui constatent des payements ou des versements de sommes, quels que soient le caractère civil ou commercial du payement ou du versement et la qualité de celui qui le reçoit ou l'effectue.

Sont frappés d'un droit de timbre-quittance uniforme de 25 centimes les reçus constatant un dépôt d'espèces effectué chez un banquier, un agent de change ou un comptable public.

2° — PAPIER TIMBRÉ

Feuille de grand registre	14 fr. 40
Feuille de grand papier	9 fr. 60
Feuille de moyen papier	7 fr. 20
Feuille de petit papier	4 fr. 80
Demi-feuille de petit papier	2 fr. 40

3° — Timbre de dimension

Les minutes, originaux et expéditions des actes ou procès-verbaux de vente ou licitation dont le prix est supérieur à 5.000 francs, sont soumis au timbre de dimension.

Les cahiers de charges relatifs à ces mutations sont soumis au tmibre de dimension après la réalisation des ventes ou des adjudications, lorsque le prix excède 5.000 francs.

Sont exempts du droit de timbre de dimension toutes les copies des actes destinés à être déposées au bureau des hypothèques.

4° — Timbre des affiches

	Ordinaires	Protégées ou intérieures
jusqu'à 15 déc. carrés	0, 15	0, 30
de 15 à 30 déc. carrés	0, 30	0, 60
de 30 à 60 déc. carrés	0, 45	0, 90
de 60 à 120 déc. carrés	0, 60	1, 20

Au delà : 0 fr. 30 par 120 déc. carrés ou par fractions pour les deux catégories.

Des tarifs spéciaux sont prévus pour affiches peintes, affiches lumineuses et panneaux réclames (Voir les articles 68 et 69 de la loi du 13 juillet 1925).

5° — Timbres des effets de commerce

0, 10 par 100 francs ou fraction de 100 francs, quelle que soit la date de l'échéance.

6° — Timbres de chèques

0, 20 quel que soit le lieu de paiement.

Sont en outre passibles du timbre de quittance proportionnel les chèques tirés sur une personne autre qu'un banquier ou un agent de change.

7° — Impot sur les opérations de Bourse

Le droit de timbre auquel est soumise toute opération de bourse ayant pour objet l'achat et la vente de valeurs de toute nature est porté à 60 centimes par 1.000 fr. ou fraction de 1.000 fr.

Il est perçu sur le montant de la négociation.

Sur les opérations de report, le droit est élevé à 25 centimes par 1.000 fr. ou fraction de 1.000 fr.

Les opérations relatives aux rentes sur l'Etat français bénéficient d'un tarif de faveur : 1 centime 1/4 pour 1.000 pour les opérations d'achat et de vente, 6 millimes 1/4 pour 1.000 pour les opérations de report.

8° — Impot sur les opérations de change

Les opérations de change visées à l'article 1er de la loi du 1er août 1917 sont soumises à un droit de timbre dont la quotité est fixée à 10 centimes par 1.000 fr. ou fraction de 1.000 fr. du montant de l'opération.

9° — Timbre mobile unique
pour l'acquittement de différents droits d'Enregistrement

Un Décret du 9 juillet 1925 a créé un modèle unique de timbre mobile en remplacement des différents modèles servant à l'acquittement :

1° Des droits de timbre proportionnel, pour effets négociables et non négociables;

2° Des droits de timbre des actes d'avances sur titres;

3° Des droits de timbre des papiers destinés aux affiches;

4° Des droits de timbre des quittances, reçus ou décharges de sommes, titres, valeurs ou objets;

5° Des droits de timbre sur les bulletins de bagages;

6° Des droits de timbre des chèques tirés hors de France;

7° Des droits de timbre des ordres de virements;

8° Des droits de timbre des lettres de voiture;

9° Des récépissés des expéditions faites par chemin de fer et venant de l'étranger;

1° Des droits de timbre des récépissés ou lettres de voiture concernant les recouvrements effectués par les entrepreneurs de transports à titre de remboursement des objets transportés;

11° Des droits de timbre des colis postaux venant de l'extérieur;

12° Des droits de timbre sur les cartes d'entrée dans les cercles ou casinos;

13° De l'impôt sur le revenu des titres ou valeurs mobilières étrangères;

14° De l'impôt sur le revenu des créances, dépôts et cautionnements;

15° De la taxe sur les payements des prix de vente d'objets de luxe entre non-commerçants.

La série du timbre fiscal unique comprendra des timbres de 0,01 à 1.000 fr.

Il est également créé divers types d'empreinte pour le timbrage à l'extraordinaire.

Enfin, à titre transitoire, les timbres mobiles des anciens types pourront être utilisés.

CHAPITRE III

TAXES DIVERSES

I. — TAXE SUR LE CHIFFRE D'AFFAIRES

1° PERSONNES ASSUJETTIES. — a) les commerçants, quelle que soit la nature de leur commerce : gros, demi gros, détail;

b) les industriels et notamment les exploitants de mines;

c) toutes personnes accomplissant des actes relevant des professions qui sont assujetties à l'impôt sur les bénéfices industriels et commerciaux.

L'impôt ne frappe pas les professions libérales ni les agriculteurs lorsque ceux-ci se bornent à vendre les produits de leur culture ou de leur élevage.

2° CHIFFRE D'AFFAIRES IMPOSABLE. — *Sont imposables :* toutes les affaires faites en France dans l'exercice de leur profession, par les personnes exerçant une des professions ci-dessus, ainsi que les affaires analogues effectuées occasionnellement par des personnes qui, sans avoir de profession avérée, se livrent, en qualité de courtier ou d'intermédiaire, à des spéculations accidentelles.

Exceptions : affaires ayant pour objet la vente du pain, vente des journaux de moins de 0, 25, etc.

Chiffre d'affaires imposable : Il est constitué :

a) pour ceux qui vendent des marchandises, denrées, fournitures, ou objets quelconques, par le montant des ventes effectivement et définitivement réaliséés;

b) pour ceux qui font acte d'intermédiaire, d'entrepreneur ou de loueur de choses ou de services, de banquiers, etc., par le montant des courtages, commissions, remises, etc. qui leur sont acquis.

Le chiffre d'affaires qui sert de base à l'impôt est donc nettement distinct du bénéfice; l'impôt est dû par le seul fait que l'on fait des affaires, même sans bénéfices.

3° TAUX ET MODE DE LIQUIDATION DE L'IMPOT. — Le taux est fixé à 1, 20 0/0, avec majoration de 0, 10 au profit des départements et communes, donc 1, 30 0/0.

Ce tarif est applicable aux affaires de toute catégorie à l'exception des cas suivants :

a) le logement et la consommation sur place des boissons et denrées alimentaires quelconques sont taxés à 3, 60 0/0 dans les établissements de seonde catégorie et à 12 0/0 dans ceux de première catégorie.

b) les ventes au détail ou à la consommation des marchandises, denrées, fournitures ou objets quelconques, classés comme étant de luxe, sont passibles du taux de 12 0/0.

c) les ventes de spiritueux et de vins fins sont passibles des droits de 17, 50 et 30 0/0.

L'impôt suit les sommes de franc en franc inclusivement et sans fraction.

4° OBLIGATIONS DES REDEVABLES. — A) *Déclaration d'existence.* — Les personnes déjà inscrites au rôle de l'impôt sur les bénéfices industriels et commerciaux n'ont aucune déclaration spéciale à faire.

Tout redevable non inscrit au rôle de cet impôt, doit, dans les 15 jours du commencement de ses opérations ou dès l'ouverture de son établissement, souscrire une déclaration spéciale chez le receveur des contributions indirectes de sa résidence.

B) *Tenue d'une comptabilité ou d'un livre spécial.* — Tout contribuable doit, s'il ne tient pas une comptabilité permettant de déterminer son chiffre d'affaires, avoir un livre spécial sur lequel il inscrit : toutes les sommes qu'il reçoit, soit à titre du prix de vente de ses marchandises, soit au titre de rémunération.

Pour chaque affaire, le livre doit indiquer : la date, la désignation sommaire des objets vendus ou des services rémunérés, le montant du prix reçu ou de la rémunération, le nom et l'adresse de l'acheteur à moins qu'il ne s'agisse d'une affaire inférieure à 500 fr. avec un autre commerçant.

Les opérations au comptant et pour une valeur de moins de 100 fr. peuvent être inscrites en bloc en fin de journée.

Ce livre ainsi que tous autres documents, factures d'achats, etc... doivent être communiqués aux agents de l'administration.

C) *Déclaration mensuelle.* — Le contribuable doit remettre chaque mois au receveur des contributions indirectes un relevé du montant total des affaires effectuées pendant le mois précédent. Ce relevé doit indiquer distinctement :

1° les affaires passibles de la taxe de 1, 30 0/0;

2° les affaires passibles de la taxe de 3, 30 0/0;

3° les affaires passibles de la taxe de 12 0/0.

Cette obligation n'est pas imposée aux contribuables admis au bénéfice du forfait, c'est-à-dire ceux dont le commerce consiste à vendre des marchandises, denrées, fournitures et objets à emporter ou à consommer sur place ou de fournir le logement et dont le chiffre d'affaires annuel ne dépasse pas 200.000 fr., et 40.000 fr. s'il s'agit d'autres redevables.

Pour la fixation du forfait annuel, ces redevables doivent adresser avant le 31 janvier, au receveur des contributions indirectes, un relevé analogue au relevé mensuel, mais indiquant seulement leur chiffre d'affaires de l'année précédente.

5° PAIEMENT DE L'IMPOT. — L'impôt doit être acquitté chaque mois, sur le montant du chiffre d'affaires du mois précédent, tel qu'il ressort du relevé produit par le contribuable et au moment même de la production de ce relevé. Pour les redevables admis au régime du forfait, l'impôt est acquitté par quart en avril, juillet et octobre de l'année courante et janvier de l'année suivante.

Le paiement peut être effectué soit en numéraire, soit par mandat-poste, mandat-carte, chèque postal, virement de compte, de chèque postal du redevable à celui du receveur. Si la somme à payer dépasse 100 fr., le redevable peut également émettre un chèque barré sur la Banque de France à l'ordre du receveur.

Le redevable peut également demander que le recouvrement soit effectué par la poste à son domicile, mais il supporte alors les frais de recouvrement.

6° PÉNALITÉS. — Tout refus par le contribuable de faire les communications prescrites par la loi est puni d'une amende de 750 à 1.250 francs.

Pour les autres contraventions, elles sont passibles d'une amende minimum de 1.250 fr., mais qui s'élève, si la contravention a entraîné un retard dans le paiement de l'impôt, à une somme égale au montant de l'impôt pour chaque mois ou fraction de mois de retard.

DISPOSITIONS DIVERSES

A) *Taxe d'abatage*. — L'impôt sur le chiffre d'affaire frappant les opérations de boucherie est remplacé par une taxe d'abatage dont le taux est 0 fr. 15 par kilo poids vif pour le veau et le mouton, 0 fr .10 par kilo pour le bœuf, le porc et le cheval.

L'importation de la viande fraîche frigorifiée ou congelée est également taxée. à raison de 0 fr. 30 par kilo de viande nette pour le veau et le mouton et de 0 fr. 20 par kilo pour le bœuf, le porc et le cheval.

B) *Taxe sur les charbons, cokes, etc.* — L'impôt sur le chiffre d'affaires est supprimé et remplacé par une taxe à la production, fixée à 1, 80 0/0.

Des exemptions sont prévues.

II. -- TAXE D'APPRENTISSAGE

A. — PERSONNES ASSUJETTIES. — Toute personne ou société exerçant une profession industrielle ou commerciale, ou se livrant à l'exploitation minière, ou concessionnaire d'un service public.

B. — EXEMPTIONS. — Ne sont pas soumises à la taxe les personnes qui ne sont pas soumises à l'impôt sur les bénéfices industriels et commerciaux, ainsi que celles qui, dans le courant de l'année, n'auront pas payé en espèces plus de 10.000 francs de salaires.

C. — EXONÉRATIONS. — Des exonérations partielles ou totales seront accordées par les comités départementaux de l'enseignement technique aux assujettis qui auront pris certaines dispositions en vue de favoriser l'enseignement technique et l'apprentissage.

D. — OBLIGATIONS DES REDEVABLES. — Les chefs d'entreprise devront fournir chaque année, aux comités départementaux de l'enseignement technique, une déclaration contenant tous les renseignements nécessaires pour l'établissement du rôle par l'administration des contributions indirectes.

Dans le cas où ces déclarations seraient reconnues inexactes, les chefs d'entreprise seront tenus de verser en sus des droits régulièrement dus, le double droit sur la partie omise.

Lorsque le chef d'établissement n'aura pas fait de déclaration, il sera imposé d'office et ne pourra bénéficier d'aucune exonération.

III. -- TAXE SUR LES AUTOMOBILES
ET SUR LES VÉLOCIPÈDES

A. — AUTOMOBILES. — Tout propriétaire d'automobile doit se munir à la recette buraliste de son domicile d'un permis de circulation qui doit accompagner chacune des voitures circulant sur la voie publique.

Ce service donne lieu à la perception de droits qui sont exigibles par trimestre et d'avance. Le permis de circulation n'est valable que s'il comporte le paiement de l'impôt pour le trimestre en cours.

Cet impôt se compose de 2 éléments : taxe de circulation, taxe au profit du fonds commun.

1° *Taxe par voiture.* — Variable d'après la population, le nombre de places et la force en chevaux vapeur.

2° *Taxe par cheval vapeur.* — Pour les voitures au dessous de 12 H P, taxe uniforme par H. P. Pour les voitures de plus de 12 H. P., tarif progressif en 5 paliers.

3° *Taxe de circulation.* — a) *Voitures automobiles assujetties à un tarif de transport arrêté par une autorité publique* : 48 francs par an et par cheval vapeur, avec minimum de 5 chevaux vapeur.

b) *Véhicules automobiles servant exclusivement au transport des marchandises.*

Tarifs fixes, avec minimum de 5 H. P., par H. P. ou fraction de H P :

48 francs pour les cinq premiers H. P.

60 francs pour les H. P. à partir du 5°.

Les camions et camionnettes qui seraient utilisés, même à titre accidentel, à des objets autres que le transport exclusif des marchandises et du personnel nécessaire à leur manutention, sont soumis au tarif prévu pour les voitures servant au transport des personnes.

c) *Voitures automobiles servant au transport des personnes* : 5 paliers sont prévus, comportant par H. P. ou fraction de H. P., avec minimum d'imposition de 5 H. P., les tarifs ci-après :

48 francs pour les 5 premiers H. P.

60 francs pour les 5 H. P. suivants

72 francs pour les 10 H. P. suivants

84 francs pour les 10 H. P. suivants

96 francs par H P à partir du trentième.

Une voiture de 10 HP. payera donc, pour une année
$$(5 \times 48) + (5 \times 60) = 540 \text{ frs.}$$

Une voiture de 18 HP. paieráit :
$$(5 \times 48) + (5 \times 60) + (8 \times 72) = 1.116 \text{ frs.}$$

Une voiture de 42 HP. paierait :
$$(5 \times 48) + (5 \times 60) + (10 \times 72) + (10 \times 84) + (12 \times 96) =$$
$$3.252 \text{ frs.}$$

d) CYCLECARS. — Ils sont imposés comme les automobiles, d'après leur nombre de chevaux-vapeur; mais en ce qui les concerne, aucun minimum n'est fixé. Un cyclecar de 4 HP. ne doit donc être imposé que pour 4 HP.

Lorsque la puisance dépasse 5 HP., l'impôt est établi d'après l'affectation donnée à la voiture.

Exemple : Un cyclecar de 6 HP., utilisé par une entreprise de transports tenue d'appliquer des tarifs arrêtés par une autorité publique, serait imposé à raison de $(6 \times 48) = 288$ francs par an.

Si ce véhicule servait au transport des marchandises ou des personnes, l'impôt s'élèverait à $(5 \times 48) + (1 \times 60) = 300$ frs.

e) *Bateaux automobiles destinés à la navigation de plaisance.* — Ils sont taxés d'après leur puissance effective, à raison de 20 frs par HP., sans minimum d'imposition.

Sont exonérés de tout impôt les tracteurs agricoles et tous moteurs seryant aux travaux des champs.

4° *Taxe au profit du fonds commun.* — Cette taxe est calculée à raison de 10 0/0 des droits perçus au profit du Trésor — à l'exception de la taxe de circulation.

De plus, certaines communes perçoivent une taxe municipale sur les voitures automobiles.

Cette taxe ne peut, sauf exception excéder 25 0/0 du montant de l'impôt d'Etat.

Dispositions diverses. — Les personnes ayant plusieurs résidences sont, pour les voitures automobiles qui les suivent dans une commune où existent des taxes municipales et où ces personnes possèdent une résidence personnelle, commerciale ou professionnelle, imposées dans cette commune. Si des taxes municipales existent dans plusieurs de ces résidences, le droit est établi d'après le tarif le plus élevé.

Pour l'application de cette disposition, les contribuables doivent remettre une déclaration spéciale à la recette buraliste de la localité la plus imposée, où ils doivent obligatoirement se munir du permis de circulation.

Toute omission ou fausse déclaration donne lieu à des pénalités.

B. — MOTOCYCLETTES. — Les motocyclettes et appareils analogues, qu'ils soient ou non munis d'un side-car, sont passibles d'un impôt annuel de 20 frs par HP. ou fraction de HP., d'après leur puissance effective et sans minimum d'imposition.

Les droits sont perçus au comptant ou au moyen d'un permis de circulation délivré dans les mêmes conditions que pour les automobile .

Exceptions.

a) Les bicyclettes à moteur, dont le poids à vide n'excède pas 30 kilogrammes et qui ne sont pas susceptibles de dépasser en palier une vitesse de 30 kilomètres à l'heure, ne sont soumises qu'à un droit de 24 francs par place, perçu à l'aide d'une plaque de contrôle.

b) Les bicyclettes à moteur auxiliaire, utilisées par des mutilés de guerre, paralysés ou amputés de l'un ou des deux membres inférieurs, sont exemptes d'impôt.

C. — BICYCLETTES. — Droit de 6 francs par place perçu à l'aide d'une plaque de contrôle.

IV. -- IMPOTS DIVERS

I. — CERTIFICAT DE ROUTE. — La délivrance de ce certificat prévu par la convention internationale automobile du 11 octobre 1909 coûte 20 francs.

II. — CARTE D'IDENTITÉ DES ÉTRANGERS. — La délivrance et le renouvellement de la carte d'identité d'étranger donnera lieu à la perception d'une somme de 68 francs.

Cette somme sera réduite à 10 francs pour les étrangers pères ou mères d'un ou plusieurs enfants français, pour les étudiants et les travailleurs salariés, les savants et les écrivains étrangers vivant en France, remplissant *les conditions qui seront déterminées par décret.* En seront totalement exonérés les étrangers ayant servi comme volontaires dans l'armée française pendant la guerre.

Bénéficieront également de la somme réduite ou de l'exonération les conjoints ascendants ou descendants des travailleurs vivant avec ces derniers.

La carte sera requise de tout étranger faisant en France un séjour de plus de deux mois. *Elle doit être renouvelée tous les deux ans.*

Pour les travailleurs salariés seulement qui rempliront les conditions qui seront fixées par décret, la somme à percevoir pour la délivrance ou le renouvellement de la carte d'identité sera à la charge de l'employeur.

III. — DÉPOT OU RENOUVELLEMENT DE DÉPOT D'UNE MARQUE DE FABRIQUE. — A cette occasion il est perçu au profit de l'Etat une taxe fixe de dépôt de 50 francs et au profit de l'office national de la propriété industrielle une taxe d'enregistrement de 10 francs.

CHAPITRE IV

DOUANES

Les tarifs des droits de douane perçus à l'exportation par terre ou par mer présentant une telle complexité qu'il n'a pas paru utile de les comprendre dans le texte du présent *Memento*.

Nous donnerons cependant l'énumération des quelques innovations intéressantes apportées en la matière par la loi de finances du 13 juillet 1925.

I. — MODE DE PERCEPTION DES DROITS. — Le service des douanes est autorisé à ramener au kilogramme la quotité de tous les droits de douane actuellement fixés au quintal métrique, à l'exception toutefois des droits dont la quotité, à quelque tarif que ce soit, ne dépasse pas 10 francs.

Pour la conversion ainsi autorisée, les fractions de franc inférieures à 0 fr. 50 dans la taxation au quintal seront négligées; les fractions égales ou supérieures à 0 fr. 50 comporteront forcement du dernier centime du droit au kilogramme.

II. — DROIT DE STATISTIQUE. — Le droit de statistique est porté à 0 fr. 30 pour chaque unité de perception.

III. — IMPORTATION DE MÉTAUX PRÉCIEUX. — Lorsque les achats de matières, ouvrages, lingots en platine ou métaux assimilés, en or ou en argent, auront été conclus avec des personnes domiciliées à l'étranger, les inscriptions à faire figurer au registre prévu par la loi devront être appuyées des quittances attestant que les taxes et droits exigibles à l'entrée en France ont été payés.

TABLE DES MATIÈRES

CHAPITRE PREMIER
Impôts directs

CHAPITRE II
Enregistrement et Timbre

CHAPITRE III

Taxes diverses

CHAPITRE IV

Douanes

1925. — Imprimerie VULLIEZ, Joigny (Yonne).

COMMERÇANTS, INDUSTRIELS, HOMMES D'AFFAIRES, PARTICULIERS

Les Publications de l'Indicateur Universel des P. T. T.

officiellement adoptées

vous procurent la documentation

LA PLUS SURE :

Tarifs, Réglements et Horaires des P.T.T.,

Chèques Postaux, T.S.F., Colis Postaux,

Courriers Maritimes et Terrestres, etc.

INDICATEURS, GUIDES, MEMENTOS, TABLEAUX MURAUX, BARÈMES, etc.

Les plus pratiques, les moins chers

Toujours au courant des plus récentes modifications

DEMANDEZ LE CATALOGUE GÉNÉRAL 1925

3, Rue de Champagny, PARIS (VIIe)

Commerçants,

Industriels,

Hommes d'Affaires,

AFFICHEZ DANS VOS BUREAUX :

Le Tableau Mural des P. T. T.

*Modèle adopté par l'Administration
des Postes et des Télégraphes
pour l'affichage dans les salles du public*

Ce tableau, à jour des plus récentes modifications, donne, **avec une disposition originale pratiquement étudiée**, les renseignements indispensables sur les tarifs des P. T. T., leurs principales particularités d'application, le conditionnement des objets, etc.

Il doit être affiché dans tout bureau où se fait la préparation du courrier postal ou télégraphique.

Prix de l'abonnement donnant droit à deux
bulletins rectificatits.............. **3 fr. 75**

ON SOUSCRIT AUX :

Publications de l'Indicateur Universel des P. T. T.

3, rue de Champagny, PARIS (VIIe)

Compte Postal 91-17 Paris

www.ingramcontent.com/pod-product-compliance
Ingram Content Group UK Ltd.
Pitfield, Milton Keynes, MK11 3LW, UK
UKHW020029080726
13614UKWH00004B/1647